「自分時間」を生きる

―在日の女と家族と仕事―

朴《ぱく》和美《ふぁみ》

三一書房

はじめに

　今年（二〇二〇年）の元日の香港で、わたしは反政府抗議デモの人波の中に身を置いていた。そこで、主催者側発表で百万人以上の香港市民（学生・労働者）が、民主化（五大要求）を求めて示威行動する勇姿を、この目にしかと焼きつけた。陸橋で言葉を交わした、表情にまだあどけなさを残す一六歳の少年のまっすぐな視線にたじろぐ自分も意識した。なんという一年の幕開けだろう。

　三年前（二〇一七年）の冬のソウル光化門で、わたしは片手にキャンドルをかかげ、朴《パク》槿《ク》恵《ネ》大統領の退陣を求める何万もの人たちと共に行進《マーチ》していた。隣を歩くバギーに幼児を乗せた母親と歩調を合わせながら。子どもが成長したとき、「君もあの歴史的な場所にいた」と伝えんがために参加したと若き母は語った。

　二一世紀初頭のバンクーバーの「プライド・パレード」で、わたしはマーチする人たちに沿道から声援を送っていた。カナダでもＬＧＢＴＱの人たちは、長い間、差別と抑圧に苦しんできた。彼らの権利獲得の闘争が、政府に過ちを認めさせることにつながり、ＬＧＢＴＱをめぐる状況は変わっていった。今では自分たちのプライド（誇り）を表明するため、そしてありのままの自分たちの姿を祝福するために、パレードで街中を闊歩することが可能になったのだ。

　圧政に屈せずに、政治権力に立ち向かう人たちが世界中にいる。でもわたしは、香港市民でも、韓国生まれの韓国人でも、ましてやカナダ人でもない。直接的な当事者でなくとも、香港市民と同じ空気を吸ってみたい、生粋の韓国人の反骨精神に触れてみたい、多様なセクシュアリティを派手なコスチュームで祝うカナダの人たちと一緒にお祭り騒ぎがしたい、そんなはやる気持ちを押さえきれないのだ。

　本書に縷々綴られているように、わたしは「日本人でない自分」そして「男でない自分」を強く意識しながら生きてきた。わたしの耳には「お前は何者だ?」と問う声が、たえず聞こえてしまう。日本国で「日本人」でないこと、男性仕様《スペック》につくられた社会で「男」でないことは、日常生活で様々なハンディキャップ（不利な社会的条件）を負わされることを意味している。そうした不利な状況が、わたしに無力感を植えつけていった。

　もちろん、香港と韓国とカナダでは、それぞれの政治状況があまりにも異なり、安易な比較などできないことはわかっている。それでもそれぞれの政治状況に「抗う人たち」がいるのをこの目でたしかめることで、わたしの内なる「勇気」の芽を育てていけそうな気持ちになってくるのだ。

　そして今年、わたしはソウルでの中期滞在を計画している。ここ数年の日本において、とりわけ活字媒体を通して、「韓国フェミニズム」に熱い視線が注がれている。たしかに、性差別的な事件が起きると即座に抗議の声をあげる、若い女性たちを中心とした韓国女性たちの行動力には目を見張るものがある。今年は、韓国の女性たちから「勇気」の芽を育てるための栄養剤をたっぷりもらえそうな気がする。

旅のつれづれに様々な出会いを重ねることで、わたしにとって大事なことが、その輪郭を鮮明にしはじめている。わたしが暮らす日本社会そして在日朝鮮人（以下、在日）社会では、国籍や性別のちがいによって、享受できる社会的資源の配分に雲泥の差がある。わたしはこうした現実に抗いながら生きてきたと自負している。だからこそ、香港の、韓国の、そしてカナダの不公平さに抗う人たちに強く共感してしまう。

この「共感」という内から湧き上るエネルギーのほとばしりが、わたしにはとても大切なものに思える。グローバル化の波が世界を覆い尽くす現在、世界の人たちのかかえる問題は（国境などの境界が意味をもたない）ボーダーレス化という側面も見せはじめている。混沌とした世界だからこそ、いったいわたしはどんな人に、どんなことに共感してしまうのかを自覚していたいと思うのだ。

目次

（本文中、敬称は略させていただきます）

序章　「小さな物語」を紡ぐ

力を抜くこと

いつ頃はじめたのか記憶にないほど、ヨガをするのが習慣化している。とはいえ、レオタード姿の女性が、肢体を自在に操り美しい（動物を模した）ポーズをきめる、といったイメージからはほど遠いのだが……。女性運動で知り合った仲間たちとはじめたヨガの集まりが、メンバーは入れ替わりながらも現在も続いているのだ。インストラクターも仲間の一人。整体師でもある彼女から、参加者は時折ヨガ以外の体づくりの手法も伝授される。野口体操、ナンバ歩き、コア・コンディショニング、体幹トレーニングなどなど。

わたしの一番のお気に入りは野口体操。東京芸術大学教授だった野口三千三（一九一四～九八）が編みだした「力まず、焦らず、他人と比較せず」を旨とする身体運動の手法だ。ところが、脱力が基本要素である野口体操が、わたしにとっては一番手強いものになっている。「ふぁみさん、力を抜いて。力まない！　そんなにがんばらないの！」と、何度注意されても上手に脱力できない。ほんとうに力を抜くのが不得手《にがて》なのだ。わたしにとって「力を抜く」ことが難しくなってしまった背景は、本書に書き込まれた文章の隅々に見え隠れしているにちがいない。

物心がついてから、ずうっと肩肘張って生きてきたような気がする。はてなマーク（?）で満杯の頭の中を、どのように整理すれば楽になるのかと暗中模索し続けてきたわたしがいる。日本社会の在日全般に対する差別的処遇が、在日社会の女性に対する抑圧的対応が、ことごとくわたしの神経を刺激し緊張を強いてきたのだと思う。気を緩めてしまうと、とんでもないことになってしまうという不安が常にどこかにあったのだろう。気づいたら、緊張していること、力むこと、気張ること、がんばることが、わたしにとっての「常態」になっていた。わたしの人生の大半は、野口体操が指向する「しなやかな生き方」とは逆の「こわばった生き方」だったのかもしれない。

「小さな物語」を紡ぎ続けて

「人間は物語る生き物」だといわれる。わたしたちは物語とともに生きている。わたしは心身にまとわりついた「凝《こ》り」（筋肉の緊張・硬直）をほぐすために、自分だけの「物語」を紡ぎはじめたのかもしれない。楽になりたい一心で、凝り固まった無数の「なぜ?」を物語に仕立て上げていったのだろう。それも最も身近な「家族」という物語から。

何年か前に、民族学校の同級生だった友人に、「なんで在日の女であることに、そんなにこだわるの?」と、問い質されたことがある。カウンセラーの彼女には、傷つき悩む人を前にしたとき、性別や民族や国籍ではわかりえないもっと複雑で深遠な世界が見えているのかもしれない。残念ながら力不足もあって、わたしの問題意識が「在日」と「女」という二本の柱で支えられているその背景と意味を、彼女が納得する形では伝えられなかった。それでもわたしの立脚点が変わることはない。わたしの生きづらさやこわばりの多くが、在日に対する日本社会の民族差別、そして在日社会の女性への性差別に由来していると考えているからだ。

　一世の在日の男たちは、民族や国民や国家といった「大きな物語」を紡ぎながら、日本社会における在日の状況を考察し、不当な扱いに声をあげ、果敢に闘うことで在日が生きていける場（共同体）を死守してきた。そうした男たちの闘いには正当性があり、大勢の在日が勇気づけられてきた。一世の女たちは、日本国家を相手に闘う男たちを、「銃後の妻」よろしく、家庭を守ることで支えてきた。だが時代につれて在日の社会も変わる。表層的ではあっても「民主主義」の薫陶を受けた二世・三世の女たちは、等身大の自分たちが登場しない「大きな物語」に疑問を抱くようになっていった。男たちの「大きな物語」に映しだされる「女」たちは、男たちに都合よく捏造された幻想《ファンタジー》の「女」でしかないことにも気づきはじめた。男たちの壮大な物語には、女たちの存在と現実がありのままに描かれていないというなら、生身の女たちの日常を照らしだす「小さな物語」を、自らの手で紡いでいくしかないと思いはじめたのだ。

朝鮮半島には「身世打鈴《シンセタリョン》」という語りの様式がある。主として女たちが、我が身の不運を「哀号《アイゴー》！」の叫び声とともに、慟哭しながら哀惜の念を込めて謡い上げる「身の上話」という形式だ。身世打鈴は、自らの力では変えようのない運命や境遇を、嘆き悲しむ、そして時に笑い飛ばすための文化装置として機能していた。近隣の大国に翻弄され続けた朝鮮半島で生きざるをえなかった女たちの運命が、過酷なものであったことは容易に想像できる。身世打鈴は堅牢な体制の下での、数少ない「ガス抜き」の役目も担っていたのだろう。

わたしたちは、生まれた時代の制約や影響を受けながら生きている。一世の時代に有効だった文化装置が、二世・三世の時代にそのまま通用するとは限らない。少なくともわたしは、身世打鈴とはちがう形で自分の「小さな物語」を紡いでみたかった。身世打鈴を踏襲しても、わたしの心身のコリはほぐれないという懸念があったからだ。祖母や母の時代にはなかった選択肢が、わたしの時代にほんの僅かでもあるのなら、自らの運命や境遇に唯々諾々と従うのではなく、そうした「ガス抜き」が必要な状況、それ自体を変えていくことを選びたかったのだ。朝鮮半島の文化の何を継承するのかだけでなく、何を継承しないのかを熟考しながら。

こわばった心身

この本に収録した小論・エッセイは、一九九〇年代後半から二〇〇〇年代前半に書き綴ったもので構成されている。第一章の「女と家族と仕事」に描かれているように、わたしにとって四〇代・五〇代は疾風怒濤の時代だった。こわばった心身の上に築いてしまった人間関係や友人関係のあちこちに亀裂が生じ、にっちもさっちもいかなくなっていた時期だった。わたしはかかえ込んだ問題群を客観視するために、自分のための「小さな物語」を紡ぎはじめたようだ。書くことで問題が解決するとは思わなかったが、少なくとも、どこで迷子になっているかの道しるべは示してくれることを期待していたのだと思う。

第四章の「物語るわたしたち」で触れたように、物語には「書き手」と「聞き手」の両方が必要なのだ。当初は、自分に向かって物語を語っていたような気がする。そう日記のように。でも自分の「小さな物語」を、マイナーな媒体ではあっても、公表するというときになってはじめて、自分以外の「聞き手」を意識するようになったのだ。いったいわたしは誰に向かって、どんな立場で、何を語ろうとしているのかを。

わたしの軸足が「在日」と「女」の上に置かれていることを考えると、わたしが最初に意識した「聞き手」が在日の女たちだったのは、ごく自然な流れだろう。でも書き続ける中で、ほろ苦い想いとともに再認識させられたことは、今を生きる在日の女たちの厳しい現実だった。いまだに多くの在日女性が、困難な日々を生きている。それにわたしもその一人だが、一世・二世の女たちは、周りの女たちのある種、パターン化された身世打鈴を耳にしながら生活してきたのだ。彼女たちの「これ以上の嘆き節は聞きたくない」というつぶやきを、わたしは万感の想いを込めて受けとめるしかない。それでも在日が生きてきた証を遺すには、「大きな物語」だけでなく、在日の日々の暮らしをこれまでとはちがった視点で描写する「小さな物語」が必要だと信じている。

家族も民族も国家も、人間の「つくりもの」(想像の共同体)でしかないのなら、それぞれの制度を所与のものとせず、その制度一つ一つに「?」をつけ、そこに別のオルタナティブな物語の可能性が潜んでいるかどうかを探求してみる必要があるだろう。たとえば、家族や民族や国家といったものを、ジェンダーという視点で見ると、そこにどんな光景が現れるのだろうか。わたしの語る「小さな物語」に普遍性があるかどうかはわからない。でも多様化されつつある在日社会には、これまでとはちがう虹色(レインボー)に輝くオルタナティブな物語がたくさんあったほうがいい。そして団塊の世代の「一人語り」が、その片隅にあっても悪くはないと思うのだ。

多角的視点

若かりし頃、「欧米かぶれ」と揶揄《やゆ》されたことがある。「女と家族と仕事」で吐露したように、長い間わたしの視線は欧米、とりわけ北米に向けられていた。世界の覇権言語である英語を生活の糧にしてきたという現実もある。無力感にさいなまれていた一〇代の在日の女の子が、「豊かで自由」な国と喧伝された六〇年代の北米に憧れたとしても何の不思議もないだろう。これまでは、飛行機で二時間半のソウルよりも一〇時間近くかかる北米西海岸沿いの都市を訪れた回数のほうが圧倒的に多い。これでは「北米かぶれ」とからかわれても仕方がない一面はありそうだ。

とすると全身のコリをほぐすには、わたしの中の「かぶれ」の内実を見ていく必要もありそうだ。「かぶれる」の辞書的な意味に、「あるものの強い影響を受けて感化されること」という説明もある。後知恵的に考えると、当時のわたしには日本列島と朝鮮半島の風土以外の何かに感化されたいという強い気持ちがあったのだと思う。東アジア（日本や韓国）には吹かない風にあたってみたかったのかもしれない。たしかに太平洋岸沿いの開放的な都市の風は心地よかった。そして、北米に吹くリベラルで革新的な風を吸い込むことで、わたしは心身のこわばりを、少しずつだがほぐしはじめていった。

この数十年、飛行機で太平洋を越えて訪ねた都市で多くの時間を過ごし、わたしは「鳥の目」（マクロ的視点）をもつようになったと感じている。世界という大きな地図の、いったいどこに自分が位置しているのかを確認できたような気がするのだ。ああ、これでもう迷子にならずに済むという安堵感とともに。同じように「国民国家」神話（単一文化・単一民族・単一言語の幻想）を信奉する日本と韓国では、錯綜した差別の問題を相対化するのは難しい。高く大空に舞い上がることで得た「鳥の目」で、やっとわたしは日本社会で在日の女として生きる自分を相対化できるようになったようだ。

だからといって「鳥の目」だけで、これまでのこわばりがほぐれ、しなやかに生きられるわけではない。わたしの生きる現場は日本社会なのだ。そこで人間関係を築き、これからも暮らしていくつもりだ。となると、自分自身の足元を見つめ、身近な人たちと関わっていくために、細部を凝視できる「虫の目」（ミクロ的視点）が必要になってくる。さらに時代の潮流を把握するために、魚が海流を的確に体感できるような「魚の目」（歴史的視点）もあったほうがいいだろう。

ただここで決定的に重要になってくるのは、この比喩的な三つの目で、いったい何をどのように見るのかを、自らに問い続けることのようだ。幸いなことにわたしは、大学で「黒人学」と「女性学」から多くを学ぶことができた。黒人や女性の目で、米国社会や世界を見ると、そこに何が見えてくるのか。歴史とは、パワー（権力）をもった者たちの物語だという解釈も成り立つのだ。なぜわたしたちは、社会システムに埋め込まれた階層秩序《ヒエラルキー》を易々と受け入れてしまうのだろうか。なぜ「人種」や「性別」といった区分を、疑問に思うこともなく自明視してしまうのだろうか。こうした問いを立てることの大切さを、わたしは「黒人学」と「女性学」から学ぶことができた。

つまり三つの目が、自動的に適切な世界観を与えてくれるわけではないということだ。

たえず自分の立ち位置を問い続けることで、かろうじて多角的視点のバランスが保たれるということなのだろう。この繊細な多角的視点に目配りしながら、物語を紡ぎ続けるならば、わたしの「在日」と「女」についての「小さな物語」にも、それなりの説得力が生まれるのかもしれない。

第一章　在日朝鮮人女一人会

怒ってくれてありがとう——「あたりまえ」を問い直す

在日朝鮮人女一人会

一九九〇年、わたしは一人で勝手に「在日朝鮮人女一人会」という得体の知れないものを旗揚げした。家族から、共同体から、人間関係のしがらみから自由になれない自分を強く感じ、まずは「一人の個人」としての自分を見つめたかった。英語では「個人」をindividualという。inはnotと同じように否定を表す接頭辞、動詞のdivideは分割を意味し、そして－alは動詞を名詞に変える接尾辞である。つまり英語では、もうこれ以上分割できない状態を「個人」と呼んでいるのだ。だが、わたしの生きていた（いまも生きている）生活空間は、「個人」であること「一人」でいることを奨励してはくれなかった。自分と「家族」との、自分と「親密な友人」との、自分と「共同体」との、自分と「国家」との、何よりも自分と「自分の中の自我」との距離の取り方、そして境界線のあいまいさに悩んでいた。ただ直感的に、わたしがかかえる漠然とした不安や悩みが、この「個人」をどのように考えるかということと深いつながりのあることはわかっていた。そこで「一人」で生きることの意味を問い続けることを自分自身に約束するために、わたしは「在日朝鮮人女一人会」を創ったのだ。それからずうっと約束通り、わたしは「朝鮮人」である自分、「女」である自分を、もうこれ以上分割できない個人の視角から考え続けてきた。そしていまこの時点で、わたしの問題意識の原点を再点検してみたくなった。

民族と性と階級差別

わたしの問題意識の原点は、たまたま（注1）在日の女として生を受けたことで、なぜこの日本社会において不条理なハンディ（不利益）をこうむらなくてはならないのかという疑問だった。自らの選択とはかかわりなく、生まれたときにすでに与えられていたこの二つの属性が、なぜわたしの行く手に立ちはだかり、わたしの人生をむずかしくするのかという問題を考え続けてきた。考え続ける過程で少しずつわかってきたのは、これは、わたし一人が悩んでいるだけではなく、わたしたちが生きているこの近代という時代がかかえもつ大きな三つの問題（人種・民族差別、階級差別、性差別（注2））すべてにかかわっているということだった。

在日は日本人（国民）でないということで、「国民主義的」日本社会のピラミッド（階層）の底辺に押しやられ、さまざまな社会的・経済的・文化的恩恵から遠ざけられている。また恩恵を受けられないことで、社会の中心に近づくことができず周縁に固定化される。こうした悪循環によって、日本社会における在日への差別は構造化されていく。そして、この構造化された差別によって、さらなる社会的・経済的・文化的な不平等や不公平が在日にもたらされる。つまり人種（民族）差別と階級（身分）差別は、まったく別のものとして存在するのではなく、密接にからみあった装置として機能しているのだ。一世・二世の果敢な在日差別反対運動を通じて、この二つの差別の重層性はそれなりに理解されている。しかし、最近はジェンダーという視点から議論されることの多い性差別の問題に関しては、ほとんど考察がなされていないように思える。

　ではいったいなぜ在日社会では、性差別の問題が、ほかの差別問題と同じように認識されてこなかったのだろうか。民族差別の問題には敏感に反応する在日社会が、なぜ性差別にかんしてはこうも鈍感なままできてしまったのだろうか。多くの在日の女たちにとって、日本人でないことによってこうむる不利益と、男でないことによってこうむる不利益を天秤にかけることにはたいした意味がないだろう。そのどちらもが、在日の女の人生を生きがたくしていることに変わりはないのだから。アフリカ系アメリカ人の作家であるアリス・ウォーカーが語った「黒人が殴ろうと、白人が殴ろうと、殴られて痛いことに変わりはありません」（注3）という嘆きは、そのまま在日の女たちにもあてはまる。つまり在日の女にとっては民族差別も性差別も同じような重さをもった非人間的な抑圧装置なのだ。

実はこの何年かの間に、民族差別と性差別というわたしの問題意識の原点を再確認させるような出来事が、わたしの周辺で矢継ぎ早に起きている。この小論で、わたしはそうしたいくつかの出来事を狙上にのせながら、わたしに見えてきた在日社会の性差別の問題を考察していきたい。現時点で確認できたのは、マイノリティ（在日）が性差別を考えるときにはマジョリティ（日本人）にはない困難さがつきまとうというあたりまえの事実と、その「あたりまえ」をていねいに見ていくことの重要性だ。

性差別の根幹的な問題は「近代家族」に由来すると考えている人たちがいる。これまでのフェミニズムの潮流でも、「家族」はつねにその機能が問われる重要な課題であった。そして、この家族をめぐる「前近代的な問題」と「近代的な問題」をうまく区別できないことが、在日が性差別の問題をよく理解できない原因の一つだとわたしは考えている。在日社会の性差別を読み解くには、在日家族のかかえる「前近代的な問題」と「近代的な問題」がどのようにわたしたちの日常に現れているかをまずは観察することが必要だ。

「怒ってくれてありがとう」

一九九九年の初めに何十年ぶりかで、韓国学園の同級生たちと会う機会をもった。彼女たちとの久しぶりの再会が、わたしに在日家族のかかえる問題を改めて考える機会を与えてくれた。高校時代という人生のほんの一部を共有したに過ぎないわたしたち。そしてあまりにも当然だが、その後のわたしたちの人生には、韓国学園高等部で共有した時間の何倍もの年月が流れていた。

同級生の一人のヨンジャは、夫を病気で十数年前に亡くしている。夫の事業を引き継ぎ、上手く切り盛りしている彼女の生活は安定している。いまでは都内の一等地にある億ションの住人である。彼女は、事業の必要に応じて何年か前に帰化したという。ヨンミはその器量を見初められて見合い結婚した夫と、商売をしながら悠々自適の暮らしをしている。プミの夫は海外に単身赴任中。夫不在の家庭での時間をもてあまし、彼女はパートの仕事をすることで退屈とは距離をおこうとしている。クミジャは、韓国留学中に大恋愛の末に結ばれた夫とは五年前に離婚している。その夜集まった同級生たちは、みんなフツーに在日の男と結婚し、あたりまえのように子どもを二、三人産み母親になっていた。

ひるがえってこのわたしはといえば、気づいてみると彼女たちのようなごくフツーの在日の女性の生活とはだいぶズレたところで生きてきたようなのだ。結婚もせず、子どもも産まず、これからもシングル（単身）で生きていこうとしている。わたしのシングル生活もそれなりの歴史を刻み、結局はそのときそのときの選択の結果としていまの自分があるんだと納得できるようになった。だが考えてみると、ここに至るまでの道のりは長く、苦悶の歴史でもあった。なぜわたしは、わたしの周りにいるほかの在日の女のように、在日社会の中でそれなりにわたしに相応《ふさわ》しい相手をみつけ、その相手と（新しい）家庭を築くことができないのかと悩んだ時期もあった。ごくフツーに生きられないのは、このわたしのどこかに欠陥があるか、あるいはわたしの生き方がまちがっているからにちがいないと苦しみもした。在日の民族差別反対運動にかかわっていた二〇代の頃、運動を通じていとも簡単にボーイフレンドや恋人を見つけゴールインする仲間を横目に、もてない（恋愛の対象として欲望されない）（注4）自分をうらめしくも感じた。でもやっといまになって、なぜわたしがもてなかったのか、なぜ結果的にわたしが非婚を選択し、なぜフツーの生き方ができなかったのかが少しずつ理解できるようになってきた。それに（意識的に選択したかどうかは別にして）同級生たちのごくフツーの生活も、じつは薄氷の上を歩いているような、いつなんどき異変が起こるかわからないはかないものにすぎないということも徐々に見えてきた。

そして、この人間をフツーという鋳型にはめ込もうとする圧力自体が、実は一つの差別だということがわかってきた。フツーでない暮らし方をする人間には、いろいろな形の制裁が用意されている。日本国民がフツーとされる日本社会では、国民ではない在日は制度的に差別されてあたりまえとされている。また在日社会においても、このフツーという圧力が、とりわけ女たちの上に強くのしかかっている。女は結婚して、子どもを産んで家族の世話をすることがフツーとされる在日の抜きがたい価値観。そうした圧力の下で、未婚の女、非婚を貫く女、離婚をした女、結婚をしないで子どもを産んだ女、レズビアンの女、性の二重規範ゆえに「みだら」とレッテルを貼られた女は、すべてフッーではないとされ、制裁を受けるのだ（注5）。日本社会の在日への「排除」の論理には強く異議申し立てをしながら、自らの内面化された排除の装置に対しては知らぬ存ぜぬを決めこむ欺瞞がここには垣間見られる。

いずれにせよ、この五人の同級生が九九年の正月に、ヨンジャのハイクラスな億ションに集合し、一五階の窓の外にひろがる不夜城「東京」のイルミネーションを酒の肴に、これまでの時間の空白を一気に埋めようと夜を徹して語り合った。この日の長い夜の主役は、離婚の後遺症から五年という歳月を経てやっと立ち直りつつあるクミジャの「身世打鈴」だった。芥川龍之介の『羅生門』を持ち出すまでもなく、クミジャの同級生であるわたしたちが耳にしたのは彼女の側の一方的な語りにすぎないことは百も承知である。とはいえ、クミジャのかかえもつ怒り、嘆き、痛み、苦しみ、憤り、悔い、諦観は、わたしをいつしかデジャヴュ（既視感）の世界へ誘っていった。わたしはこれまでいったい何人の在日の女たちから、登場人物の名前は異なるものの、筋書きも背景も、登場人物の心理描写も似通った物語を聞かされてきたことだろう。母から、姉から、妹から、叔母から、いとこから、姪から、そして女ともだちから。ときには哀号《アイゴー》という号泣とともに、ときにはすすり泣きの中から、ときには恨み節の抑揚をともなって。またあるときはまるで達観したかのような晴れやかな顔つきで、そしてときとして、物語を共有しないわたしへのまったく見当はずれな逆恨みという形で。

わたしはクミジャの身世打鈴に耳を傾けながら、ふつふつとわたしの中にわき上がる怒りを抑えることができなかった。彼女の元夫は、男の自由の拡大は自明視しながら、妻には制限的自由さえ許さなかった。彼は自分の稼ぐ金を好き放題に使いながら、彼女が苦しい家計をやりくりして、自分のためのささやかな買い物をすると怒り狂ったという。そのうえ口論でらちがあかないときは、暴力に訴えることも多かったそうだ。わたしは彼女の語りを最後まで聞き続けることができずに、「許せない、そんな男の身勝手さは絶対許せない！」と叫んでしまった。その後に彼女がポツリともらした、「怒ってくれてありがとう」ということばがいまも耳に残る。なぜクミジャの怒りには承認が与えられてこなかったのだろうか。なぜクミジャの元夫の横暴が許されてきてしまったのか。その理由を考えることとは、実は在日社会の性差別の問題を考えることの第一歩にすぎない。

「ヒラリー夫人を見習え！」

もう一人離婚を決意した友人がいる。スニの夫は在日のビジネスマン（商工人）の多くがそうであるように不動産と金融を生業《なりわい》としていた。そしてその金銭への鋭い嗅覚を武器に、そこそこの資産を築いたそうだ。そしてこれまた、わたしの知る多くの在日の成功した商工人のように、金にまかせて「女遊び（注6）」（古いいい回しですね、自分で使いながら赤面してしまう……）をしていた。友人の当然の抗議に「なに不自由ない暮らしをさせているのに、いったいなんの文句があるんだ。いちいち男のすることに口を出すんじゃない！」と、まるで悪いのは友人であるかのごとく叱責するのが常だったという。ここまでは、拝金主義のはびこる男性中心主義在日社会では、ごくありふれたひとこまだろう。だが、その夫が妻に向かって「ヒラリー夫人を見習え！」と一喝したと聞くにおよんで、わたしは怒りをこえて笑い出してしまった。

友人の夫は、モニカ・ルインスキーとのスキャンダルによってクリントン大統領の下半身が世界中の衆目をあつめていた際の、ヒラリー夫人の沈黙を女の鑑としたいらしい。スニの夫の価値観においては、富（在日社会というちっぽけな井の中でしか通用しない）と名声をえた男にはどんなことも許されるのだ。何不自由ない生活をさせてあげているのに、男の女遊びくらいのことで大騒ぎする女は妻の風上にもおけないということになるらしい。スキャンダルに動じず沈黙を守ったヒラリー夫人は、彼の目には賢夫人と映るようなのだ。ヒラリー夫人がクリントン大統領と同等の、いやそれ以上の高等教育を受けたインテリであり、一級の弁護士だという経歴にはまったく興味がないようだ。このあまりにも一方的で自分勝手な解釈が、この夫婦の間では通用してしまっている。この現実をどのように理解すればいいのだろうか。

わたしの一番の驚きは、クミジャとスニの苦境が母の時代の女の物語ではなく、まがりなりにも「民主的教育」を受けたはずのわたしと同世代の女たちの口から語られたという事実だった。母の時代からわたしたちの時代にかけて、在日家族にはなんの進歩もなかったのだろうか。在日家族は化石化してしまったのだろうか。なぜクミジャとスニは、夫の暴力・虐待に耐え続けてしまったのだろうか。なぜ二人は、あんな不条理に甘んじてしまったのだろうか。なぜ、夫に対して謀反を起こさなかったのだろうか。なぜ、さっさと時代遅れの夫を捨てて新しい生活をはじめなかったのだろうか。次から次へと疑問がわいてくる。こうした「なぜ」に納得のいく答えをえるためには、やはり一度わたしたちを産み育てた在日家族の現場に立ちもどり、いったいそこでなにが起こっているかを凝視しなくてはならないだろう。

荒れるアボジと耐えるオモニ

何人かの在日の学者・執筆家によって指摘されてきたように、「荒れるアボジ（父）」と「耐えるオモニ（母）」というモチーフは、多くの在日家族の原風景になってきた。日本社会の差別構造の中で多少のヴァリエーション（変化）はあれ、こうした家族像は在日一世と二世には見慣れた日常にすぎなかった。だが時代は変わり、日本の高度経済成長のおこぼれが在日社会にも影響を与え、二世・三世が親世代よりも高い教育を受けるようになり、在日の家族も少しずつ近代家族的な装いを見せはじめた。つまり、このあまりにもお馴染みの風景にも変化が訪れたはずなのだ。これまでのパターンでいうと、稼ぎ手である男は日本社会の差別を真正面から受け、唯一「男」としての覇権をふるえる家庭の中で暴力によって家族の上に君臨する。そして私的領域（家事）労働を一手に引き受けさせられた女のほうは、家庭以外に生きる場をもてないがゆえに妻と母という役割に忍従させられる。こうした封建制の残滓のような女と男のあり方は、時代的背景とあいまって一世・二世にはごくありふれた光景であった。だが三世・四世の時代では、こんな前近代的な関係性は変わってきているとわたしは認識していた。ところがクミジャやスニの語りは、そんなわたしの漠然とした根拠のない在日「進化論」をものの見事に裏切るものだった。この二人の例からもわかるように、二世・三世で構成された在日家族も、前近代的な体質を見事なまでに引き継ぎながら近代（核）家族への変容をよぎなくさせられているのだ。

女性にあからさまに暴力がふるわれ、女性を子産みの道具とし、社会的な無権利状態におき、すべての家事・育児を女性に押しつける、こうした家族は封建的家父長制家族と呼べるだろう。クミジャとスニが夫たちとつくった家族は、一見近代家族の装いをほどこしながらも、その内実は封建的家父長制の再生産の場であったのかもしれない。いわゆる「在日文学」の中の男女関係は、家父長制家族の不幸を子どもの視点から批判的に描いたものが多い。日本社会からの制度的差別だけでなく、唯一残された安全な場であるはずの家庭にも居場所を見つけられない不条理が、何度も何度もくり返し語られる。外（日本社会）

で受けた差別の屈辱を、そのまま内（家庭）で弱者（女子ども）に向かって吐きだす夫あるいは父と呼ばれる男たち。こうして在日家族は、極端に不均衡な女と男の力関係を子どもたちが学習してしまう現場ともなったのだ。わたしたちは、在日社会の「女」と「男」の原型がこの封建的家父長制に源泉をもち、わたしたちの中に深く内面化されてしまっていることを忘れてはならない。

マットーな結婚生活の内実

わたしはこのところ在日の女と男の関係（夫婦）が、音を立てて崩壊しはじめているのではないかと感じている。クミジャとスニの物語は、そうした在日社会の大きな地殻変動の氷山の一角にすぎないのかもしれない。現在、在日の八割以上が日本人と結婚しているといわれている（注7）。では多数を占める同族以外の相手と結婚した在日のどれくらいが離婚しているのだろうか。わたしの周りにも、日本人との婚姻関係を破綻させた在日がたくさんいる。在日に対してまだまだ差別的である日本社会において、日本人と在日のいわゆる「国際」結婚が破綻に至ってしまう経緯《いきさつ》は容易に想像がつく。当事者だけでは解決のつかない数限りない障碍が、二人の結婚生活に入り込むことを前提にしたうえでの出発であるのだから。いずれにせよ、わたしの在日の婚姻動向に対する勝手な推測は、実態からそう遠く離れていないようなのだ。知人を通じて入手した『戦後の在日韓国・朝鮮人の人口動態』の統計によると、九二年から九五年の間の日本人との離婚数は、多少のばらつきはあるものの、毎年の日本人との結婚数のほぼ半数におよんでいる。つまり、在日の八割以上が日本人と婚姻関係を結び、そしてその半数以上のカップルがその関係を破綻させているのだ（注8）。

統計としては確認できなかったが、運命共同体としての絆を共有しているはずの在日同士の婚姻関係の破綻も、最近の周りの状況から察するところ、急増しているように思われる。それも世代にかかわりなく、離婚というこれまでの在日社会ではタブー（禁忌）とされていた形式を踏むカップルが増えてきているようだ。さすがに、双方が高齢の一世の夫婦が離婚したという話はあまり耳にしない。だが五〇代の熟年離婚もふくめ、婚姻の破綻は確実にその数を増やしているように思える。日常的にはあまりつき合いのない親類縁者の噂を耳にするときも、ほとんどがこの類の情報なのだ。どこそこのパチンコ屋に嫁ぎ、まわりから「玉の輿」と騒がれたいとこが、子どもと一緒に実家にもどって何年にもなるとか。在日同士で結婚したその弟も、最近離婚したとか。三〇年近く連れ添った遠い親戚の叔父と叔母が別居中だとか。わたしの母のことばを借りるならば、「マットー」な結婚生活をしている在日カップルが近頃めっきり減ってしまったようなのだ。ということは、在日の女と男の関係が音を立てて崩れはじめているというわたしの実感は、それほど的外れでもないということになる。

そして、わたし自身はそのこと自体に特別の驚きを覚えない。在日が学習してきてしまった従来の封建的家父長制を引きずった「女」観と「男」観を不問に付した関係性は、いずれ破綻をきたすであろうとわたしは考え続けてきた。視点を変えると、母の世代が期待したマットーな結婚生活の内実がやっと見えはじめたと解釈することも可能なのだ。いったいだれにとって、どのようにマットーなのかを問える時代になったとも考えられる。つまり、一方が忍従することで保たれていた関係性を、関係性の破綻として顕在化させることがやっとできるようになったともいえるのだ。これがわたしたちの母親の世代であったなら、ほとんどの女が自らの意思で離婚することができないような構造になっていた(注9)。まずなによりも、離婚という発想自体が希薄だったにちがいない。母の時代の女には家族以外の場で生きる手段が一切与えられていなかったのだから。結婚以外の生き方の選択肢が無きに等しい時代には、女にとって結婚は宿命であったし、その破綻を意味する離婚がタブーであったことは容易に想像がつく。

やっと結婚を解消できる自由を手に入れたとはいえ、クミジャとスニの例をあげるまでもなく在日の女たちにとって離婚後の暮らしはバラ色ではない。まずなによりも結婚の動機自体に「生活婚」の要素がまだ根強いことを指摘しておきたい。経済的に自立できないがゆえに結婚した女たちが離婚しても、一人では生活できないという根本的な問題は解決されないのだ。アナクロチック(時代錯誤)な封建的で暴力的な夫との結婚生活を解消したいというのは、あまりにも当然の要求だ。そして、その当然の要求を当然のこととして実行しようとすることにブレーキがかかってはならない。母の時代の女たちには与えられることの少なかった精神的なサポート（支援）が得られることも一歩前進だ。離婚に対する世間の風あたりも、昔とは雲泥の差がある。だがソフト面だけが整備されても、この資本主義社会ではハード面でのバックアップなしには生きていけないのだ。結婚の強制を受け入れざるをえなかった在日の女たちは、残念ながらほとんどが経済的自立の手段をもっていない（注10）。だからこそ、まだ実態のつかめていない婚姻関係を破綻させた在日の女たちの「その後」が気にかかって仕方がないのだ。

実は、この小論を書き進めている最中に一度クミジャに連絡してみた。彼女の携帯電話は現在使われていないという。職場にも電話を入れてみたが、一週間前に仕事を辞めてしまっていた。離婚の際、彼女はほぼ無一文同然で夫の家を追い出されている。結婚生活のほとんどを主婦として生きてきたクミジャ、これからの彼女の生活をいったいだれがどのように保障するというのだろうか。在日社会が必死に守ろうとしてきた民族の誇りが、クミジャのこれからの暮らしを助けてくれるのだろうか。

スニの場合は現在別居中で、夫が家を出ていった。彼女はいまカウンセリングの助けをかりながら、夫のバーバル・アブユーズ（ことばによる暴力）からの回復を目指しリハビリに励んでいる。夫のほうは世間体を取り繕うのに躍起になりながら、複数の愛人の間を行ったり来たりしているらしい。だが初めて「男」である自分に楯突いた「妻」という名の女を許すことができずに、時折スニに電話をしては憎悪を剥き出しにしているという。「民族の最後の砦」であるはずの在日家族のほころびは、いまや家族成員内だけでは解決できないレベルにまで達してしまっているようだ。

「偉大なオモニ」という神話

在日社会はマッチョ的文化を色濃くもっている。女は「女らしく」、男は「男らしく」と生まれたときからたたき込まれている。文化というのは、身体化された思考・行動様式を含んでいる。ということは、ほとんどの在日はモノを考えるとき、なにか行動を起こそうとするとき、この学習した男らしさ・女らしさの枠組みの制約を受けながら考え行動しているのだ。

あるとき在日の友人の一人が、自分の息子を指さして「この子ったら、だれも教えていないのに、男だってだけで女よりエラいって思いこんでいるのよ……」とグチったことがある。わたしの友人がことばとして教えなくたって、子どもたちは周りの大人たちの言動から、ちゃんと女と男の序列を学んでいるのだ。そのうえ在日社会には、民族文化の継承とやらで、露骨な性差別を儀式化したチェサ（祭祀）という風習を朝鮮半島の人たち以上に後生大事にする傾向がある（注11）。チェサを一度でも経験したことがある男の子ならば、何の根拠もなく男は女よりもエラいと思いこんでしまっても仕方がないだろう。チェサとは、まさに男たち（そして女たち）に序列的な男女関係を学習させる場としても機能しているからだ。

ではなんの根拠もなくエラいと思いこんでいる男が悪くて、割の合わない雑用すべてを担わされたエラくない女は絶対的な「被害者」なのだろうか。ところが、コトはそんな単純に「男ワルイ人、女イイ人」となっていないからこそ、性差別の構図が見えにくくなっているのだ。たとえばチェサの例をとってみても、実はチェサを一番熱心にこころをこめてとり行っているのはハルモニ（祖母）たちであり、オモニ（母）たちなのだ。家庭内領域を一手にまかされた女たちは、実力を発揮できるハレの舞台において性別役割分業に邁進するような構造がそこにあるのだ。女性蔑視の徹底した社会において、女たちが自己証明・自己表現できるのはチェサの場くらいしかないのかもしれない。そのうえ、伝統的風習の大義名分にはいつも表面的には反駁できないようなレトリック（美辞麗句）がほどこされているものなのだ。「祖先を大事にし、こころをこめて死者を弔う」ことに、だれが正面きって反対できようか。問題はそうしたレトリックで隠蔽された、女と男の支配関係の固定化を巧妙に意図した儀式そのものにあるのだ（注12）。

わたしの日本人の男友だちが、わが家のチェサに同席したことがある。行事の一部始終をまのあたりにして、彼がわたしにつぶやいたのは「在日の男はたいへんだね」ということばだった。初期の頃のウーマンリブの日本人女性たちから総スカンをくらった「ワタシつくる人、ボク食べる人」というテレビのコマーシャルを、文字通り実践しているチェサの場で、男であるわたしの友人はしごく居心地がわるそうだった。「男」というカテゴリー（分類）に違和感をおぼえ、男役割から降りようと意識的に生きている友人のような人間には、チェサという儀式を通じて女役割、男役割の金縛りにあっている在日の女と男はとても「たいへん」な存在に映ったのだろう。友人の例からもわかるように、すべての男が固定化された性別役割分業を歓迎しているわけではない。男役割を強制してくる在日の文化に、居場所を見つけられずに悩んでいる在日の男たちもいるはずなのだ。男女有別（男尊女卑）の本質論をふりかざす在日の価値観は、自明視してきた「女」と「男」以外の存在を排除する。多くの人たちが信じ込んでいる女らしさと男らしさはある特定の価値観によってつくられたものにすぎないのだ。そうした価値観を前提にしてしまうと女らしくない女と男らしくない男は、チェサのような男女本質論を体現化した場では息（生き）苦しいのだ。

　もう一つ気がかりなのは、ジェンダーの学習の場と化してしまっているチェサのような儀式を通じて、「偉大なオモニ」という神話が紡ぎだされてしまうことだ。儒教の教え通りに、嫁としてシアボジ・シオモニ（舅姑）に尽くし、妻として夫に従い、そして母として子どもに無償の愛をささげるという、神聖冒さざる「女」の物語が捏造されてしまうのだ。在日の男が「外」での抑圧を、家庭という「内」で発散させたのと同じ構図が、実は在日の女にもあてはまるのではないだろうか。たとえば、これまで「偉大なオモニ」神話の神聖性ゆえに表面化することのなかった、子ども（とくに娘）に対するオモニの抑圧も、性差別の問題を考えるときには射程に入れなくてはならない。嫁・妻として受けた抑圧の圧迫感を、無意識のうちに自分よりも無防備な子ども（とくに娘）を抑圧することで解消してしまっているのかもしれない。「偉大なオモニ」神話ゆえに、こうしたオモニの重荷を肩代わりさせられた娘たちの母親に対する屈折した思いには重い封印が押されてしまっていた。だがいまこの封印が少しずつ開けられようとしている。娘たちが重い口を開き、母へのアンビバレントな（愛憎半ばする）思いを語りはじめたのだ。このように性差別をめぐる問題とは、ただ単に女と男の権力関係にとどまらず、女と女、そして男と男の関係にも大きな影響をおよぼしている人間の実存にかかわる問題なのだ。

二重、三重の差別構造の中で

当然なことだが、わたしが批判の対象としてきた封建的家父長制を継承しないように、「民主的」な近代家族を目指そうという動きもある。わたしより若い高等教育を受けた在日の女ともだちの多くは、民主的な近代家族を実現するための努力をしているように思える。「夫改造講座」よろしく、必死に在日の夫に民主化教育をほどこしている友人もいる。

ではここで彼女たちの理想とする近代家族の内実を少し見ていくことにする。理念としての近代家族の特徴には、以下のようなものが挙げられている（注13）。

（1）家内領域と公共領域との分離
（2）家族構成員の強い情緒的関係（愛情）
（3）子ども中心主義
（4）男は公共領域・女は家内領域という性別分業
（5）家族の集団性の強化
（6）社交の衰退とプライバシーの成立
（7）非親族の排除
（8）核家族

日本でも一九七〇代にもてはやされた「ニューファミリー」や「友だち家族」などが、近代家族の典型として挙げられるかもしれない。民主的で、夫婦も親子も対等で、愛によって結ばれた家族、これこそが日本の（敗戦後の）民主主義が夢見た近代家族だといわれている。わたしたちが自明視してしまっている家族の形態が、実は近代家族と呼ばれているものなのだ。一世たちの時代の多くの在日家族は、日本社会の底辺に固定化され、貧しく、親族共同体を互助組織として生きていくしかなかった。たとえそこに性差別が存在していても、ある種の必要悪として受け入れるしかなかった。父親の暴力も、母親の忍従も日常のひとこまとして見過ごす以外なかったのだ。そうした親世代の生きざまをつぶさに見てきた二世・三世が、近代家族を自分たちが目指す理想の家族像としたとしてもうなずける。親たちの関係性を反面教師として、自分たちは民主的で友愛を基盤とした夫婦関係を築きたいと望むのもしごく当然のことだ。では近代家族を目指す在日の目には、クミジャやスニの家庭崩壊はどのように映っているのだろうか。二人の夫たちのような横暴な男は、現在の在日社会の中では例外になりつつある。彼女たちは、たまたま貧乏くじを引いてしまったにすぎない。二人の不幸の原因は、前近代的な封建制を引きずった男と結婚してしまい、近代家族をつくることに失敗したことにある。在日社会の性差別の問題は、まずは近代家族の中で妻と夫が対等な関係を築くように努力し、子育ても平等に担うようにしていくことで是正されていく。とどのつまり在日社会の性差別の根本的問題は、いまだ前近代的封建制の残滓があることで、これを取り除いていくことによって性差別は解消されていく。たぶん、ほとんどの在日はこのように考えたいと思っているのではないだろうか。クミジャとスニの物語を例外にすることで、性差別を前近代という歴史の小箱に密閉しておくことができるからだ。だが前近代的体質は一世とともに永遠の眠りにつくわけではなく、精神的ＤＮＡ（遺伝子）としてしっかりとわたしたちの中に受け継がれていくのだ。

残念ながら希望的観測だけでは、現実を変えることはできない。たしかにわたしの友人二人の身に起こった不幸には、在日社会にいまだにはびこっている封建的な儒教文化の影響が大きい。だからこそ、不幸の源泉である前近代的な体質を改善することが最優先課題になっていくことには必然性がある。だが前述したように、在日社会の性差別をめぐる前近代的な問題を解決するのは、性差別という制度を理解する第一歩にすぎないのだ。ここに在日社会のかかえる困難がある。わたしたちが性差別の問題に立ち向かおうとするとき、前近代的問題と近代的問題の両方を同時に射程に入れなければならないからだ。在日社会が前近代的な問題を払拭できずにいるのは、日本国家という差別社会における在日の位置が微妙にからんでいる。つまり、民族差別が階級差別と切っても切れない関係にあるのと同じように、性差別もほかの差別問題と密接に絡み合いながら存在しているのだ。この二重、三重の差別構造を、いまという時代に照らし合わせて同時進行形で解決していこうとする覚悟が在日には求められてしまうのだ。この複雑系化した状況に絶望せずに、根気よく差別のありようを徹底解剖し批判していくことからしか希望は見えてこない。

夫婦一心同体というフィクション

では性差別を考えるとき、いったいなにが問題とされているのかを考えていきたい。実は近代家族の中の家族という制度・実体・現象そのものが問題なのだと主張する人たちがいる。通常、わたしたちは家族というものを取り立てて意識してはいない。それはあまりにもあたりまえで、自然で、日常的で、生活の基本をなしており、改めて家族を対象化・相対化する目をもとうとすると困難をきわめてしまう。家族という現象に疑問をもつ人たちは、この家族を自明視してしまうメカニズム（機制）そのものにスポットをあてているのだ。

少し冷静に世の中をながめると、わたしたちが生きているこの日本社会が家族を単位として編成されていることがわかってくる。あらゆる（行政・立法・企業活動・人々の意識や暮らしの）領域において、家族（夫婦）はワンセット（単位）とみなされている。これは税制や社会保障制度をみれば一目瞭然だし、戸籍制度とはまさにこの家族単位社会を見事なまでに体系化したものなのだ。このことは家族（夫婦）をつくらない、結婚をしない人たちにとっては非常に不利な社会構造がそこにあることを意味している。同時に家族単位で社会を編成するときに、必然的に性差別的な男女二分法がそこに組み込まれてしまうことも意味してはいないだろうか。また、性アイデンティティの原型は家庭でつくられてしまうことが多いのだ（注14）。

伊田広行は『シングル単位の社会論』と『シングル単位の恋愛・家族論』（世界思想社）という二冊の著書の中で、家族単位社会の問題点を性差別との関連において考察している。ここではこの二冊の本をガイド（手引き）にして、家族単位社会に巧妙にはめ込まれた性差別の内実を見ていきたい。まず最初に伊田の家族の定義を確認しておくことにする。彼は家族の機能を以下のようにまとめている。

家族（の機能）とは、性欲の処理と管理の場、経済的に有利となる生計共同体、子どもを産み育てるところ（性欲と子育て）、愛情など家族員の情緒的安定の場、労働力商品の再生産の場、高齢者・病人など家族員の生活の保護、〝文化〟を伝承する場などといえる。フェミニズム的立場から批判的にいうならば、以上に加えて、家族は、男女概念による性アイデンティティを再生産する場であり、性分業による支配の場ともいえよう。

まあなんと「身も蓋もない」いい方だろうか。しかし、なんと的確に現在の近代家族を描写しきっていることか。でも考えてみると、家族というイデオロギー（概念）はこれまでウェット（感傷的）に語られることが多すぎたので、一度こうして徹底的にドライ（現実的）な視点でながめることは必要なことかもしれない。伊田は近代社会が家族を単位と考えるところから出発していることに問題の端緒を見ている。そもそも女と男はちがうからこそ結合するんだというジェンダー概念なしには、複数の人間で構成される集団を家族としてひとくくりにするという発想自体が生まれないというのだ。つまり、女と男の力関係の不均衡は考慮せずに、凸と凹という男女のちがいをそれぞれの特性として、一つのセットにしてしまう装置が家族というものなのだ。まさに「破れ鍋に綴じ蓋」的な発想で、半端者同士を一人前にするのが結婚というマジック（魔術）なのかもしれない。ということは家族という神話の否定なしには、家族問題や性差別問題の解決はむずかしいことになる。伊田は、この性差別をかかえ込んだ「家族（カップル）単位社会」に替わるものとして「個人（シングル）単位社会」を提唱している。つまり彼の主張は、封建的な男尊女卑の強い前近代的家族から新しい民主的な近代的家族に変われば性差別の問題は解消するという考え方とは一線を画しているのだ。そして、家族単位という仕組みを通して性差別を再生産している近代家族そのものを問題視しているのだ。

伊田によると、家族（カップルや世帯）単位であるということは、女や男が一人前の個人ではなく、それぞれが半人前で、二人が合体することで初めて、一つと数えることが可能なユニット（単位）になることを意味している。視覚的にいうと、たとえば女を凹とすると男は凸になり、その二つが結合して初めて一個の全体をもった凹が完成し、そして一つの単位となるのだ。単位の中の妻、夫、子ども、障がい者、高齢者といった構成要素はそれぞれが部分でしかなく、個々のメンバーは一人前とはみなされないのだという。またこの家族（夫婦）単位の秩序は、一人の女と一人の男で一組という「単婚異性愛家族」（一夫一婦制の家族）を標準としてしまい、それ以外の形態で暮らす人たち（独身者、同性愛者、離婚者、事実婚者、婚外子など）を排除・差別するともいう。家族が単位であるかぎり、そこに必然的に夫婦とか父母などの性別分業がもち込まれ、性別分業そのものが肯定されてしまうと彼は主張する。そもそもジェンダー概念がない「単位としての家族」はありえないというのだ。そして性別分業を受け入れることで、そこに相補的な男女の「一心同体」感が生まれるともいう。こうした考え方をしていくと、男女はそれぞれの欠損を補い合う関係となり、結合しないと生きていけないと思いはじめ、そして結婚が必然視され、強制されていくというのだ。また家族がワンセット（単位）であるかぎり、「性分業の強制という問題」が顕在化しない構造になっていることにも言及している。家族という単位はそれ自体が一つの行為主体となり、その中での差別は理論上起こりえないとされてしまうのだ。というのは差別は、異なる主体の間でのみ起こりうるものだからだ。たとえば、家族をかたまりとして考えた場合、パイ全体の大きさが一つの家族に十分であればいいのであって、個々の家族成員が受けとるそれぞれのピース（一切れ）の大きさは問題にならない。家族総体が介護や育児を滞りなく行なえば、表面上は何の問題もないことになるのだ。家族単位の視点からは、家族成員の女と男の間の分業によってそれぞれが受けとるピース（パイの一切れ）の大きさにちがいが出ても、第一義的な問題とはみなされないからだ。ある一つの作業（家事や仕事）をだれ（女か男）がやろうと、同じ人間の右手か左手のどちらかがやっているようなものなのだ。ということは、右手が左手に文句をいえないのと同じように、妻は夫に文句をいうことができない。家族単位の考え方からすると、スニも夫に「おれが養ってやってるのに、つべこべいうな」と怒鳴られても文句をいえないことになる。

こうしてくまなく家族単位がはりめぐらされた社会では、「家族と無関係な個人」や「集団から切り離された個人」といった存在は受け入れられない。個人とはいっても、実は「家族を背負った個人」としてしか生きられない。つまり、家族の一員として生きろという強制がたえず社会の中にあることになる。そこで新たに家族を産出する結婚がすべての人に強制されていく。この結婚を制度化する装置として前述の、女と男は二人で一人前（男女二分法）が使われる。この男女二分法の発想からすると、性的特性の異なる女と男が結合して夫婦という家族（ワンセット）を構成するのだから性分業になんの矛盾もないことになる。凸と凹が結合した夫婦一心同体というフィクション（虚構）は、まさにこの男女が補完的関係で性別分業が前提とされるからこそ可能なのだ。この家族単位の幻想の虚偽性に気づいたならば、たとえば「専業主婦」も一つの選択とはいえなくなるのだ。

ではこれからどうすればいいのか

ジェンダーが社会的に構成されるものだという視点をもって家族をみると、そこがまさに性差別を再生産する現場だということがわかってくる。家族とは愛の名において、干渉や依存や強制がすべて許されてしまうブラックホールの別名なのだ。わたし自身も家族に関して相当「身も蓋もない」いい方をしていることに気づいている。家族の存在によって、多くの人が安心感や帰属感や生きがいをえていることは承知している。だがやはり、性差別の問題を深く理解するにはどうしても家族という制度を一度徹底的に相対化する必要があるのだ。国家と国家の狭間に放り出された状態にある在日には、とりわけ家族を突き放して見る視点が必要なのだ。なぜならば、在日は家族を唯一無二のゲマインシャフト（共同体）としてきてしまった、いやさせられてきた歴史があるからだ。つまり、在日は日本人以上に家族を神聖化、ロマン化、絶対化しやすい環境にあるのだ。男女の性別役割分業に基づいた家族単位の社会での個人とは、男女一対の片割れ、とりわけその男のほうを意味している。ということは家族の中では、女は構造的に個人にはなれないことを意味している。在日家族の中の女は、こうして二重、三重の拘束によって個人になることから遠ざけられているのだ。いまだにほとんどの在日の女たちは「だれだれの妻」「だれだれの母」としてしか認識されていないのが現状ではないだろうか。

伊田の提唱する家族単位社会から個人単位社会への移行、つまり人々がかたまりとしての家族ではなく個人として生きるということは、社会が解体することや、性愛や育児を含む親密な人間関係が無くなることを意味しているわけではない。また男女の性別概念それ自体が無くなることを意味しているわけでもない。ただ、親密性や性愛や性別や人間関係が、個人単位のものに変化するだけなのだ。つまり、個人を単位にすることによって多様な生き方を保障していくことでもあるのだ。

この個人単位社会への移行を射程に入れると、自ずとこれからどうすればいいのかが見えてくる。一人で生きていく覚悟をすべての人がしたほうがいいだろう。自分の食い扶持は自分で稼ぐ覚悟をすることも必要だろう。性別役割から自由になりたいと欲するならば、女も男もまずはここからはじめなくてはならない。こうすることによって、男も一人で家族を養っていく義務から解放される。そして、女も経済的自立を目指さなくてはならないだろう。前述の統計が物語っているように、在日の女にとっていまや「結婚」は株を買うよりもリスク（危険度）の高いビジネスになってしまっているのだ。この方向で思考を進めていくと、家族だけではなく、社会のあらゆる制度の見直しの必要性が出てくる。これまでは民族差別の観点からのみ批判してきた日本社会の雇用システムを、性差別の視点からもう一度見直し改善を要求していかなければならない。また税制や社会保障制度の変更も同時に要求していく必要がある。そのためには必然的に在日の日本社会への政治参加が求められてしまう。自分たちの生活を自分たちで決める自己決定権を得るために、まずは地方自治レベルでの参政権がどうしても必要になってくるのだ。

ここでわたしの考えるこれからの簡単な見取り図を示しておきたい。

まず第一に、女たちの「怒り」に正当な承認が与えられなければならない。在日の女たちは怒ってもいいのだ。こんな女にとって踏んだり蹴ったりの状況に対して「ふざけんじゃないよ！」とタンカを切ってもいいのだ。だが、八つ当たり的にだれかれかまわず怒りをぶつけていいわけではない。いったいどのような仕組みの中で、在日の女たちの生きがたさがつくられているのかをしっかりと観察しなくてはならない。そして、わたしたちの前に立ちはだかるモノの正体を見極めることがとても大事なのだ。

第二に、在日の女たちは「自己決定」ということの意味を学ぶ必要があるだろう。自分のことを自分で決めるというのは、そんなに容易なことではない。封建的家父長制の中で自己を抹殺され、近代家族の中で凹であることで個人というものを奪われてきた事実をまずは認めることからはじめる必要がありそうだ。この学ぶという作業は、従来の学び方ではなく、最近使われはじめた dislearning あるいは unlearning ということばの意味にそったもののほうがいいだろう。つまり、これまで学習してしまったことを、一つ一つ脱ぎ（学び）捨てていくような作業が必要なのだ。ほかのだれでもない「自分」という人間の欲望の中身を覗いて見ることが重要なのだ。

第三に在日の女たちは、これからは否応なく「自己責任」の時代に入るんだということを認識することが必要になってくる。家族に依存して生きるのではなく、一人ひとりが自分で自分の生き方に責任をもつ覚悟をすること。性差別に異議申し立てをするには、自分の言動に責任をもつ主体がどうしても必要なのだ。でもこれは、これまでの共同体（在日社会）から引き離されて日本社会で孤立してしまうことを意味するわけではない。未完成な凹として、もう一つの片割れである凸を探して性差別を内包した家族という共同体をつくるのではなく、もうこれ以上分割できない個人として新しい関係を築いていく可能性を意味しているのだ。まだ数は少ないが、従来の家族とはちがう形態で親密な関係を創りはじめている人たちがいる。在日社会もこれまでのように、どのように生き延びるかだけが第一義的な課題ではなく、これからはいったいだれとどのような関係をつくっていくのかという、実存の質がこれまで以上に問われるようになっていくはずだ。そして、どのような生き方をするかは結局は自分で決めていくしかないのだ。

まずはアイ(Ｉ)することから

これまで述べてきたように、わたしは在日の女が個人としての自分を模索する必要性を強く感じ続けてきた。その思いを形にするために何人かの友人とともに、一九九七年に(財)横浜女性協会から助成金を受けて「在日コリアン女性のためのエンパワーメント・ワークショップ」を主催した。カナダからカウンセラーのリンダ・ジンガロを招いて、マイノリティ(少数者)としての「自分」の位置と意味を再確認する機会をもったのだ。グループの名前は韓国語で姉妹を意味する「ちゃめ」とした。翌年には、大阪の在日女性たちが再びリンダを招いて同じようなワークショップを催した。そして、彼女たちの報告書にわたしは次のようなメッセージを贈った。

横浜でまいた種が、あろうことか大阪で芽を出しすくすくと育っている。大阪「ちゃめ」のお互いをおもいやる気持ちが一人ひとりにつたわって、それはそれはこころ温まる安全な場がそこに産まれた、とリンダが感慨をこめて話してくれた。

父の娘から、夫の妻へ、そして息子の母にいたる、女に強いられた長い道のり。家族のために生きる以外の生き方を学んでこなかった母、姉、妹、そしてわたし。自分のためにに生きることは、家族いや民族への裏切り。そんな自分勝手、わがままは、女・子どもに許しはしない。裏切りには後ろめたさ・やましさ・罪悪感という真綿で首をしめるような制裁が待っている。

リンダは語る。女が自分を生きること、自分を大事にすること、主体性をもつことは、実は革命的な行為なんだと。「わたし」ではなく、「あなた」がなにを欲しているのかにこころを配り、その欲望を充たしてあげること、それがアイ（愛）だと学んできた女たち。女は子宮でモノを考える、女は理性ではなく感性の動物だ、女は自然で産む性であると、いったいだれがなにを目的にいい続けるのか。女は愛なしでは生きられないと、まことしやかにささやかれ、気づいてみるとそれが女たちにとっても真実になっていた。

もしも、女たちが真実に疑問をいだき、愛のまやかしに気づきはじめ、頭でモノを考えはじめ、そして「あなた」のためではなく、「わたし」のために生きはじめたら、世の中は変わるだろう。世の中がその土台から変わることを革命と呼ぶならば、女たちが自分を大事にすることは、革命的な行為にちがいない。三年前のわたしは、息（生き）苦しい在日社会に革命を起こしたかったのかもしれない。その火種が横浜から大阪に飛び火し、女たちの内奥で炎となって燃えはじめたのだろうか。

リンダは語る。I（わたし）をすることは、自分以外の人間を排除することを意味しないと。つながりながらアイ（I）すること、わたし（主体性）をもちながら他者とかかわっていくこと、これこそわたしたち在日の女にとっての革命的行為。これからは孤立のワナに陥ることなく、アイ（I）しながら在日の女たちとつながっていきたい。

在日社会が性差別の問題に対峙するときに大切なのは、これまで女性を対等に扱ってこなかったことを反省するといった次元のことだけではないのだ。実はこの問題が近代という時代を、どのように解釈するのかという世界観にかかわっているということを理解することが重要なのだ。その手はじめに、在日の女と男がどれだけお互いを知らないかを知る必要があるだろう。つまり、在日の女と男は他者として出会う必要があるのだ。在日の女

たちとともに、在日の男たちが家長としてではなくもうこれ以上分割しえない個人として
I（アイ）することをはじめたとき、在日の女と男、女と女、男と男の対等な対話の場が
そこに初めて開かれるのではないだろうか。

【注】

（1）わたしはこの「たまたま」ということばを、自分のポジション（位置）を正当化するためではなく、普遍で不変な「個人」が存在すると考える本質論に陥らないために使いたい。

（2）もちろん、これ以外にも障がい者差別や同性愛差別といった大事な問題がある。

（3）『わたしたちのアリス・ウォーカー』河地和子編著、御茶の水書房、一九九〇。

（4）恋愛とは、一般的には「男らしい」男と「女らしい」女の間のゲームだと理解されている。ということは女らしくない女であるわたしは最初からゲームに参加させてもらっていなかったのかもしれない。念のためにつけ加えると、ゲームの勝敗はまったく別の次元の問題。

（5）また、ここには排除された当人たちが、排除されたと認識せず、逆に排除されても仕方がないと感じてしまうような錯綜した「からくり」があることも指摘しておきたい。

（6）もちろん、これは上野千鶴子氏の『女遊び』（学陽書房）とは縁もゆかりもない、クラシック（古典的）な用法で、男が女を性的対象とし、モノ化することを意味している。

（7）九九年の一月一九日付けの『統一日報』によると、在日同士のいわゆる「同族結婚」は、

全体の割合で一五%を切り、過去最低を記録したという。

(8)残念ながら、緻密な調査を実施したわけではないので、婚姻関係を破綻させた在日の性別までは把握できなかった。

(9)いうまでもないことだが、結婚そのものが自らの意思でなかった場合が大半だ。

(10)アフリカ系アメリカ人社会では、女性たちに高等教育を受けることが奨励される。同じコミュニティ(共同体)の男性は、犯罪にまきこまれる率が高く、当然投獄される可能性も大であるうえに、殺人などによる死亡率も合州国全体の平均を大幅に上回り、実質的に家族の稼ぎ手として頼れないという現実があるからだ。在日社会にもこうした現実的なアプローチが必要になってくると思う。

(11)これはなにも在日に限ったことではなく、ほとんどのディアスポラ(異境に生まれた人々)に共通の傾向であろう。たとえば、一部の日系アメリカ人が「天皇制」の中に、「古きよき日本」を見てしまうように。

(12)このチェサを「民主的」なものに変えたいと考えている在日の女たちもいるが、わたしには「形容矛盾」にしか思えない。そもそもチェサという儀式の目的が、男を「家長」とした家族の中の男女序列の形式化にあるのだから。

(13)『21世紀家族へ』落合恵美子、有斐閣選書、一九九七。

(14)ここでは紙幅の関係で展開できないが、在日社会の性差別の問題を考えるときセックスやセクシュアリティがどのように理解されているかを考察することがとても重要だ。在日の中で、性産業にかかわっている人の数は多い。そのことが在日の性愛のありように、どのような影響を与えているのかも気にかかる。また、家庭内性暴力などの問題もほとんど手つかずのまま取り残されている。

〈「怒ってくれてありがとう――在日の女と男」『ほるもん文化』、新幹社、二〇〇〇〉

＊二〇年前の硬質な文章を読み返してみて、あまりにも短兵急な論理展開に赤面してしまう。でもその後の長い思索を経て、現在は「自立」に関してより柔軟な考え方をしている。当時のわたしは、四面楚歌の自分を感じていて、過剰に前のめりなっていたのだと思う。わたしの「自立」に関する論調が、健常者を前提にしていることに、今のわたしは気づいている。たとえば、自身が脳性麻痺の障がいをもつ小児科医・熊谷真一郎の「障がい者にとっての自立は依存先を増やすこと、希望は絶望を分かち合うこと」といったしなやかな考え方に触れると、わたし自身の視野の狭さに恥じ入ってしまう。それでも、「怒ってくれてありがとう」で展開したわたしの基本的な考え方は今も変わっていない。

女と家族と仕事

とりたてて意識せずとも、わたしたちはそのときどきの時代のダイナミズム（動態）に影響されながら生きている。わたしたちは時代の産物でもあるのだ。一九四九年生まれのわたしは、「団塊の世代」とくくられ、日本社会の高度経済成長の影響をもろに受けながら生きてきた。いま改めてこれまでの自分を振り返ってみて、人生の節目節目の選択に、「在日、そして女として生まれたことが直接・間接的に影響していたのだ、と感慨深いものがある。

考えてみると、わたしは他のきょうだい（姉二人、妹二人、弟一人）とは、かなりちがう生き方を選択してきたようだ。きょうだいの中でも、わたしの自立心は際立っていたが、その分、自意識も人一倍強かった。他のきょうだいには、たいして気にならないようなことでも、わたしにとっては大問題に思えてしまうことがたくさんあった。たとえば、日本社会（マジョリティ）の中の在日（マイノリティ）としての違和感、男性優位社会における女性としての違和感、そして「一億総中流」社会の中で貧しい家庭に育った者としての違和感は、わたしの意識の中心にドンッと居座って動こうとしなかった。こうした違和感は、一〇代の頃から、得体の知れない「磁場」に包囲されているような感覚としてあった。一度その磁場にのみ込まれてしまったら、自分ではコントロールのきかない一定方向に流されてしまうという恐怖心としてあったのだ。抽象的でありながら、切迫したとてつもない磁力をもつ何か――国家、民族、家族、結婚、母性――として。こうした磁場の一つ一つから、わたしは強い磁力を感じとり、とても息（生き）苦しかった。

こうした違和感の正体について自分なりの答えを出したいと、一九九三年、「家族と女の自意識」（『ほるもん文化』新幹社）というエッセイをしたためた。自分史を下敷きに、朝鮮半島の伝統文化を固守しようとする在日社会の中で、わたし自身がどのように女という意識をつくりあげていったのかを分析してみたのだ。そこには、近代的自我をかかえ込んでしまった自分と、濃密な伝統的家族主義の生活環境の中で形成してしまったもう一つの自分との葛藤が綴られている。同時に、在日女性を呪縛するマイノリティゆえに強固になった家族幻想、そして儒教的家父長制がもたらす母性神話などを、「近代家族」というキー概念をつかって分析してみた。つまり、在日家族の相対化・対象化にチャレンジしてみたのだ。

二〇〇〇年には、「怒ってくれてありがとう――在日の女と男」（『ほるもん文化』新幹社）というエッセイを書き、わたし自身が見聞きした友人知人の婚姻関係の破綻の物語を一つ一つ検証しながら、在日社会の性差別の問題を掘り下げて考えてみた。このエッセイでは、在日女性の生きがたさが、どのような社会的・文化的・歴史的・政治的・経済的な仕組みと経緯の中でつくられていったのかを分析した。そして、もしも在日の女性たちが、娘・妻・母役割だけでなく、一人の人間として十全に生きたいと望むなら経済的自立を考えざるをえないと結論づけた。つまり、女も一人の人間として働く必要があると主張したのだ。

それから一〇年近い月日が流れ、わたし自身の問題関心も少しずつ変化しつつある。いまは女と仕事の関係を、社会構造の中に巧妙に埋め込まれた問題として考えたいと思っている。たとえば、日本社会における貧困ラインといわれる年収二〇〇万円以下で暮らす人たちの七四パーセントは女性で占められ、彼女らの時給は男性の時給の六割にしかならない(『女たちの21世紀:特集 女性の貧困』No.57)。これは女性の能力や頑張りのなさの問題ではなく、社会・経済構造の問題だということは理解されはじめている。家庭における性別役割分業が雇用システムとリンクしているがゆえに、必然的に出てきてしまう結果だ。さらに、カネとヒトとモノが世界をかけめぐるグローバル化が避けて通れない現在、注意深く見てみると性別役割分業も一国内でとどまらず、「国際性別役割分業」とでも呼びたくなるような事態が現実のものとなっている。

こうした関心の変化をベースに、わたしの職歴をたどりながら、「女と家族と仕事」との関わりを、巧妙に社会構造の中に埋め込まれた問題として探っていきたいと考えている。

わたしは一〇代後半から働きはじめたが、働き方そして生き方に関して、三〇代半ばに大きな転機を迎えた。三四歳でアメリカの大学に入学したことが、わたしの中に大きなパラダイムシフトを引き起こしたようだ。大学入学にいたるまでのプロセスとアメリカでの体験が、わたしの仕事観や働き方を大きく変えたのだ。だが、その大きな変化も一朝一夕で起こったわけではない。休火山のように、実はじわじわとマグマをため込んでいったというプロセスがあってのことなのだ。

今回の小論では、アメリカに行くまでに、実際にどんな仕事をしてきたのかを具体的に書き綴りながら、「女と家族と仕事」の関わりを考察していくつもりだ。そのときどきにわたしが考えたことや感じたことを、エピソードなども交えながら、また当時は無我夢中でよくわかっていなかったが、いまは後知恵としてわかってきたことなども、解説のようなかたちで書き進めていこうと思っている。

必要なお金は自分で調達する

わたしには父や母から、お小遣いというものをもらった記憶がほとんどない。子どもが六人もいて、両親にムダ使いできる余裕などないのはわかっていた。日本の公立学校（小学校、中学校）に通っていた頃「鈴木和美」を名乗っていた。この名字に関しては、わが家に伝わる逸話がある。「鈴」という文字の旁《つくり》の部分の「令」を「今」と読み替えて「今、木にお金が生っていますように」との願望をこめ、父が鈴木という名字を選択したというのだ。こうしたおちょくりを、笑い話で済ませられないような深刻な経済状況があったたにちがいない。わたしが小学生の頃だと思うが、父が結核を患い、遠くはなれた土地で長い療養生活を送っていたことがある。その当時、わたしたち家族は生活保護を受けていた。ハラボジ（母にとっては舅）と六人もの食べ盛りの子どもを託され、母は死にものぐるいで働きながらわたしたちを育ててくれた。母の奮闘のおかげで、わたしたちきょうだいは、一度もひもじい思いをすることもなく、ことさら自分たちを不幸だと感じることもなく生きてこられた。それに一九六〇年代当時は、日本社会全体がそこここに貧しさの片鱗を残しており、ほのぼのとした貧乏物語は掃いて捨てるほどあった時代だった。そんな家庭環境にあったわたしは、必要なお金は自分でどうにかするという人生観を身につけていった。

高校は東京の韓国系の民族学校に通った。「必要なお金は自分で調達する」が鉄則になっていたわたしは、高校生ですでに卒業後の経済的自立に向かって邁進することを決意していた。在日への就職差別があたりまえだった時代に、周りにはお手本となるような女性もいなかった。日本企業への門戸はかたく閉ざされており、かろうじて外資系の会社ならどうにか仕事が見つかりそうに思えた。セクレタリー（秘書）という職種があることは知っていた。英語が使いこなせれば、外資系企業で秘書として働けるかもしれないと、ほかの勉強には目もくれずに、卒業後の経済的自立に向けてひたすら英語を勉強した。当時は、在日の女性だけではなく、日本人女性の雇用状況も厳しく、わたしとおなじように英語を勉強し外資系企業に職をもとめたり、日本に見切りをつけて海外に飛び出していった日本人女性もかなりの数いたようだ。そうした日本人女性の物語を、松原淳子は『英語できますか』（文藝春秋、一九八九）で数多く紹介している。

わたし自身も、在日や女性に就職先を用意しない日本社会を飛び出し、海外に活路を見出したいという夢をどんどんふくらませた時期でもあった。わたしが夢見た海外とは、実はアメリカだった。一九六〇年代の日本のテレビはアメリカ製ホームドラマの全盛期で、「名犬ラッシー」「うちのママは世界一」「パパは何でも知っている」などの番組を通して、アメリカの白人中産階級の豊かさをこれでもかこれでもかとタレ流していた。現在もたいして変わらないのだが、日本社会で受信する世界の情報は圧倒的にアメリカ経由のものが多かった。批判精神など露ほども持ち合わせていなかった高校生のわたしは、アメリカの豊かさと自由で平等な家族関係にあこがれ、アメリカに行こうとこころに決めたのだった。それには渡航費の工面と英語力を身につけることが課題で、卒業後にまず仕事と英語の専門学校を探す必要があった。

ナニーという仕事

だが、民族学校高等部出身のわたしの職探し、そして英語の勉強もすぐに壁にぶちあたった。大手の英会話学校のいくつかに通ったが、すぐに限界が見えてしまった。これはもう英語を実際に使う「現場」で鍛えていく以外ないと悟るが、その現場探しの方法がわからなかった。いくら能天気のわたしでも、高卒の女の子がすぐに外資系企業に就職できるとは思っていなかった。それからは、英字新聞の求人欄を読みあさる日々が続いた。ほとんどの求人広告には「経験者求む」と書かれていたが、卒業間もないわたしに経験と呼べるようなものがあるはずもなかった。

ある日、「ナニー求む」という広告を目にした。住み込みで、場所は横浜だった。ナニーという職種がどんなものかもよくわからないままに、藁にもすがる思いで応募した。何度かの書類と電話のやりとりの後、デラミコ家というイタリア系アメリカ人夫婦との面談が決まった。彼らは、横浜山下町にあるアメリカ船員組合（正式な名前かどうか心許ない）でマネージャーの仕事をしており、船員組合の建物の三階が自宅になっていた。平日は仕事で忙しい彼らの三歳の男の子と五歳の女の子を、家庭教師兼子守りとして世話するのが仕事だった。勤務は、月曜から金曜までで、週末は家族が当時住んでいた川崎の自宅に帰ることができた。

その住み込みの仕事で、一九歳のわたしは、生まれてはじめて家族から離れて暮らすことになった。アメリカ船員会館の三階の一室が、わたしの宿泊用として与えられた。当時のわが家には、自分の部屋どころか、自分だけの布団さえなかった。はじめての職場で、生まれてはじめて鍵のかかる自分だけの部屋を手に入れたのだ。ヴァージニア・ウルフは『自分だけの部屋』（みすず書房、一九二九）で、「女性が小説を書こうとするなら、お金と自分自身の部屋をもたねばならない」と、若い女性たちに語りかけている。その頃のわたしは、ウルフの名前さえ知らなかったし、もちろん作品も読んではいなかったが、女が自立するためには、自由になるお金と一人になれる空間が必要なことにウスウス気づいていた。だれにも邪魔されることのない時空を得て、わたしは日記をつけはじめ、自分の世界を紡ぎはじめていった。

ナニーの仕事は、子どもが相手だったので緊張することもなく、楽しみながらこなすことができた。子どもたちを外に連れ出すのも日課で、野毛山動物園や山下公園をよく散歩した。ナニーとして情操教育的なことも期待されていたので、一緒に歌を歌ったり、たくさんの本を読んであげた。これはまさにわたしの考える現場の仕事だった。英語の絵本は英語で、日本語の絵本は英訳しながら読み聞かせた。「海」(作詞:林柳波)は、子どもたちのお気に入りの歌だった。公園のベンチに腰をおろし、わたしは海に向かって大声で歌った。

うみはひろいな
おおきいな
つきはのぼるし
ひがしずむ
………

うみにおふねを
うかばせて
いってみたいな
よそのくに

まだ一〇代だったわたしは、海の向こうのことを何も知らず、本気で「よそのくに」に行ってみたかった。でも横浜で働きはじめて、自分が海の向こうのことだけでなく、世の中全般のことをほとんど知らないことを痛感した。アメリカ船員組合の建物には、一階に外国の船員さんたちが利用するバーとレストランが、二階に雇い主夫婦が働いているオフィスがあった。子どもたちが寝た後、自分の部屋に籠って英語の勉強をするのが常だったが、たまに夜遅く外出する用事があって一階のバーのそばを通ることがあった。そこには、それまでのわたしがまったく知らない男と女の世界が展開されていた。まだ自分の中では座りの悪い性《セックス》をめぐるイメージが急に眼前に現れてしまって、とまどいを隠せなかった。

毎週、金曜の夜に川崎に帰り、日曜の夜に横浜にもどるのがパターンになっていた。そんなある日の夕方、建物を出ようとしたとき、白いドレスを身に着け、顔を白塗りした女の人に出くわした。目の前の白い女性が、どういう人なのかすぐには判断できなかった。自分の知らない世界が、また急に目の前に差し出され、視線をどこに置けばいいのかとまどったのを覚えている。そのうち、そんな彼女の姿も見慣れた風景になっていった。その後何十年も経って、ドキュメンタリー映画『ヨコハマ・メリー』（中村高寛監督、二〇〇六）で、当時は知る由もなかったその女性の生い立ちとその後の人生を知ることになった。映画でとくに印象に残ったのは、メリーさんの「プロ」意識だった。七〇歳をすぎても街頭で「仕事」を続けた彼女は、善意の「ほどこし」の一切を拒否した。現在は、セックスワーカーという呼称を意識的に使う女性も現れ、自らのセックス産業での体験を公の場で語りはじめてもいる。もしかするとメリーさんにもセックスワーカーとしての働く女のプライドがあり、それがメリーさんをメリーさんたらしめ、人々を魅了し、そして映画制作につながっていったのかもしれない。

横浜で働きはじめて一年くらい経った頃だろうか、デラミコ一家がアメリカに帰国することになった。わたしもつぎのステップに踏み出さねばと思っていたので、彼らの帰国を機に、横浜の「自分だけの部屋」を引きはらった。

「通いのメイド」になる

最近、インドネシアからマレーシアにメイドとして出稼ぎに出た女性たちの虐待の問題が、ニュースになっている。また「出稼ぎ大国」フィリピンの女性たちが多数、メイドとして香港やシンガポール、中東に働きに出ていることも知られている。こうした例からもわかるように、経済格差のあるところでは、自国では働き口を見つけられない女性たちが国境を越えて、ドメスチック・ワーカー（家事従事労働者）として、他国の富裕層の女たちの家事役割を引き受けるという現実がある。

アフリカ系アメリカ人のベル・フックス（一九五二〜）も『とびこえよ、その囲いを——自由の実践としてのフェミニズム教育』（新水社、二〇〇六）で、「人種差別が根強い南部では、労働者階級出身の黒人少女には三つの選択肢しかなかった。結婚する、メイドとして働く、教師になる、の三つだ」と語っている。黒人女性が白人家庭でメイドとして働くというのは、アメリカ合州国の奴隷制にそのルーツをもち、長い歴史があるようだ。いずれにせよ、世界のあちこちでメイドが貧しい女性たちの限られた職業選択の定番メニューの一つになっている。だが現在の日本社会では、こうした現象はまだあまり見られない。とはいえ、デラミコ家で働いていた通いのメイドさんは流暢な英語を話すインドネシア人の女性だった。当時は、本牧に米軍関係の施設が多数あり、将校クラスの白人家庭で東南アジア出身のメイドが働いていた可能性は高い。

まだ民族差別が露骨だった一九七〇年代の日本社会で、労働者階級出身の一人の在日女性が暮らしていくための選択肢には、どんなものがあっただろうか。フックスいうところの、「結婚する」はしっかりと多くの在日女性の選択肢に入っていたが、「教師になる」は民族学校以外、国籍条項の縛りゆえに選択肢にはなりえなかった。では「メイドになる」というのはどうだろう。母は朝鮮半島がまだ日本の植民地だった頃、故郷慶尚南道で日本人家庭のお手伝いさんをしていたことがあるそうだ。だがわたしの知るかぎり、戦後の日本でメイドという職種が、在日女性の選択肢になったことはなさそうだ。

それでは、わたしの世代の在日女性はどのように生きてきたのだろうか。わたしが卒業した東京韓国学園高等部の同級生は、卒業後、短大に進んだほんの数人を除いて、大学に進学した人はほとんどいない。例外として、グァムにあるアメリカの大学に進学したソウル出身の同級生がいるのみだ。就職はどうだろうか。何人かは、韓国系の金融機関や会社に職を得ていた。自立志向のわたしに就職は自明であったはずなのに、あえて民族系の組織・機関で働くことを選択肢から外していた。同級生のように、就職先で適当な相手を見つけて落ち着くことは考えられなかった。ほとんどの同級生にとって「結婚」はいずれするものとしてあったのだろうが、わたしの人生設計において結婚という選択肢が現実味をもったことはない。

もちろん、恋愛はしたいと思っていたが、恋愛と結婚はまったく別物として存在していた。恋愛は自分一人の裁量でどうにかなるが、結婚は家族の再生産を意図するがゆえに、家族の介入を招き、自己コントロールがきかなくなると感じていた。わたしは上下関係ではない女と男の関わり方をもとめていた。どんなことでも話し合え、丁々発止と議論のできるような相手を切望していたが、わたしのもとめる「男女関係」と在日の「恋愛ゲーム」には、大きなズレがあることに気づきはじめていた。同級生たちの思い描く「出会って、恋愛して、そしてゴールイン（結婚）」というコースには魅力を感じなかった。

わたしの「女と男」の原風景である母と父の関係は、お手本になるようなものではなかった。父には相思相愛の妻と生まれたばかりの男児を同時に失うという、つらい過去があった。それでも祖父が長男、そして父も長男の家系で、家督や財産などなきに等しいのに、「朴家」存続のための婚姻がもとめられていた。そのために同郷の母が日本に呼び寄せられ、最初から男女の相性よりも跡継ぎの有無のほうが比重の大きい結婚生活がはじまり、わたしたちきょうだいが生まれたのだ。残念ながら、このような形ではじまった二人の関係がうまくいく確率はひじょうに低い。こうした家庭環境も、わたしの冷めた結婚観の理由の一つかもしれない。

いずれにせよ、恋愛よりも経済的自立のほうが先と、自分の将来の目標を、外資系企業の「エグゼクティブ・セクレタリー」（上級役員秘書）になることに定めた。かなりの高収入が約束されていたし、スチュワーデス（キャビン・アテンダント）などとともに、当時の女性のあこがれの職業でもあったからだ。なによりも、外資ならば実力さえあれば、国籍はあまり問題にならないように思えた。ただ、そのためには高度の英語力と、英文タイプと英文速記のスキルが必要だと考えた。そして、スキルを身につけるには英語の専門校に行かなければならず、学校に行くには授業料が必要で、そのお金を稼ぐためにはバイト的な仕事が必要だった。振り返ってみると、働きながら（専門学校もふくめた）学校に通うのがパターンになっていたが、学校というのは「現状に甘んじるな」という自分でつくり出したチェック機能だったのかもしれない。

ナニーという仕事は、英語の勉強には役立ったが、つぎの仕事を探すための決定打にはなりえなかった。また求人広告に目を通す日々がはじまったが、キャリアらしきものがまったくない職探しは困難を極めた。背に腹はかえられず、会社勤めをあきらめ、求人募集の多かった「メイド」で軍資金を稼ぐことにした。がむしゃらだった。夢実現のためならどんなことにでも挑戦するつもりでいた。それでも、住み込みのメイドには抵抗を感じていた。二四時間、メイドでいるのはイヤだった。それに英語学校に行く時間も必要だった。わたしは「通いのメイド」に応募し、すぐに採用された。ニュージーランドの銀行の駐在員家庭で、家事一般の手伝いをするのが仕事だった。環太平洋の小国から日本にやってきたロバーツ一家は、純朴で気持ちのいい人たちだった。メイドが仕えるのは、その家の女主人（ミセス）と相場が決まっている。なぜだかそのミセスと気が合い、わたしの夢のよき理解者として、英語の先生役を引き受けてくれたりもした。トイレ掃除が楽しいわけではなかったが、夢を支えに仕事を続けた。

そして一年もせずに彼らの帰国が決まったとき、思いがけない「誘い」を受けることになった。自分たち家族が帰国し、新しい家を買って落ち着いたら、銀行での仕事を用意するからニュージーランドでの生活を体験してみないかというのだ。断る理由など何もなかった。わたしは「よそのくに」に行きたくて仕方がなかったのだから。アメリカの情報しかなかっただけで、行き先は英語圏の国ならどこでもよかったのだ。その後の話し合いで、彼らは帰国後、すぐに受け入れ準備を開始し、わたしは外資系の会社でオフィスワーク（事務仕事）の経験を積んでおくということが決まった。

こうして職探しが、またはじまった。今度こそ会社勤めをしなくてはならない。幸いなことに、それなりの英語力もつき英文タイプも打てるようになっていたので、英字新聞の求人欄でつぎの仕事を見つけることができた。

初めてのオフィスワーク

わたしの「履歴書」に書き込まれた最初の正式な仕事は、カナダの検査会社のものだ。二一歳での会社勤めだった。一応、秘書として入社したが、英文タイプはかろうじて打てたものの、オフィスワークのことなど何もわかっていなかった。ナニーとメイドしかしたことがないのだから、当然といえば当然だ。「職業に貴賎なし」というが、メイドと秘書では雇用条件に雲泥の差がある。会社勤め以降、経済状態は格段によくなったし、自分にたいする自信といったものも育ちはじめていた。

会社はカナダ大使館の近くにあり、イギリス人のボス、カナダ人のアシスタント、そして先輩格のもう一人の秘書（日本人）という構成だった。さまざまな国籍の検査員は、日本全国のプラントやサイトを現場に仕事をしており、わたしの所属する事務管理部門の仕事はいたってノンビリとしたもので、新米のわたしには打ってつけといえた。とはいえ、はじめてのオフィスワークは当惑することも多かった。日本の会社で働いたこともなく、男性中心のビジネスの世界がどんなものなのか見当もつかなかった。異文化ビジネス環境にまだ免疫のできていなかったわたしが、まず驚いたのはボスがわたしを「ハニー」だの「スウィーティー」などと呼ぶことだった。もちろん、アメリカの大学で「女性学」を学ぶ前だったので、男と女の社会的格差の問題として呼称を考えるなど想像もできず、ただただハニーと呼ばれることがこそばゆかった。

それでも毎日がとても充実していて楽しかった。目の前には「ニュージーランドで働く」というハッキリとした目標があったからだ。実質的な仕事は、先輩秘書のアシスタント的なことで、報告書のタイプやファイリングなどをした。それからボスや検査官のためにコーヒーやお茶を用意するのもわたしの仕事だった。仕事の後は、千駄ヶ谷の津田英語会に通いビジネス英語を学びはじめた。仕事がヒマなときには、ボスがわたしの宿題を手伝ってくれていたのだから、信じられないほどのどかな職場だったわけだ。どのように話したかは覚えていないが、ニュージーランド行きのことも伝えていたと思う。

ところがある日、ボスから「もしもイギリスで働きたいなら、自分が帰国するときに秘書として連れて行ってもいい」という誘いを受けた。これには心底驚いた。別に自分を卑下していわけではないが、高卒で何の専門性も持ち合わせていないわたしに、こんな大きなチャンスを与えてくれるとは……。正直、気持ちは揺れ動いた。ニュージーランドよりはイギリスでの経歴のほうが、上級役員秘書になるためには役に立つとのしたたかな計算も頭をよぎった。でも、ニュージーランドでわたしを待っていてくれる人たちのことを考えると、やはりイギリス行きの誘いを受けるわけにはいかなかった。それともう一つ、ボスの残された日本での任期の問題があった。わたしは一日も早く「よそのくに」に飛び立ちたかったのだ。後二年の任期は、いかんせん長すぎた。

いま思い出してもとても不思議な感じがする。英語もろくすっぽしゃべれず、たいしたスキルも身につけていない東洋の小娘に、ある種のリスクを負いながら、大きなチャンスを与えようという厚情の源泉はなんだったのだろう。大英帝国の末裔が、日本のマイノリティ女性に示したノブレス・オブリージュ（特権ある者が、特権のない者に負う義務）だとでも考えていたのだろうか。たしかに、わたしは将来の目標に向かって一生懸命だった。そんな若いわたしのエネルギーが、そばにいたボスをして、何かしてあげたいという気持ちにさせたのかもしれない。時代性もあったのだろう。一九七〇年代の日本における外資系企業には、いまよりも余裕といったものがあったように思える。あるいは、たまたまわたしが勤めることになったカナダの検査会社特有の企業風土に、そんな大盤振舞を可能にする柔軟性があったのかもしれない。

ニュージーランドにて

ニュージーランドの大手銀行で働く

一九七三年、わたしは長年の夢を現実のものにした。はじめての「よそのくに」の国際空港は、羽田国際空港よりもかなり見劣りのするものだった。一九七〇年代当時の農業立国ニュージーランドは、世界の田舎だった。でも、そこにはもろ手でわたしを迎えてくれるロバーツ一家がいた。空港で出迎えてくれたミセスの第一声は「風の街へようこそ」だった。一家は、三歳になる娘の部屋をわたしに提供してくれた。久しぶりの再会をみんなでよろこびあい、そして今後の生活について話し合った。仕事がはじまるまで、ミセスは首都ウェリングトンをあちこち案内してくれた。もちろん彼女たちが住む近隣の街も。わたしはニュージーランド人の住環境の豊かさに圧倒されてしまった。ガーデニングで有名なお国柄、どこの家の庭も花々で彩られていた。

一家と共同生活をするにあたっての取り決めをしているときに、最初の異文化体験をすることになった。より正確にい

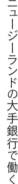

うなら、ことばの壁を感じさせられたのだ。言語の背景にある習慣のちがいだった。ニュージーランド滞在中は定収入があり、家賃代わりに定額を払うこと自体には何の問題もないのだが、金額をめぐって問題が生じた。ミセスの提示額は、わたしの予想よりかなり低かった。てっきり日本風に月額だと思い込んでいたので、もっと払えると豪語してしまった。ところが、ニュージーランドの家賃は二週間毎が標準だった。結局、最初の提示額の二倍近くを払うはめになってしまい、文字通り高いレッスン料を払いながらの異文化体験がはじまったのだ。

さて仕事の話にもどそう。ニュージーランドの大手銀行本社の国際部がわたしの職場だった。毎朝、一家の主ミスター・ロバーツと一緒に電車で通勤した。海外の銀行に勤めたなどというと、プロフェッショナルな仕事をイメージされてしまうが、すでに述べたように、二三歳のわたしにはプロとしてのスキルも経験もなかった。いきおい、わたしの仕事は一般事務職に毛が生えたようなことからはじまった。途中で、いまではＩＴの発達によって廃れてしまったテレックス（国際通信）を扱う部署に配属され、そこで文章を送信したり、受信した文章を処理するのが仕事になった。すべてが新鮮で、毎日が充実していた。同僚はみな親切で、根気強く、まだ英語の不自由なわたしにていねいに仕事を教えてくれた。

家族から遠く離れてホームシックにかかったことも何度かあったが、ニュージーランドでそれまでに味わったことのない解放感を満喫することができた。父や母の目のないところで「良い娘」でいる必要もなく、思い切り羽を伸ばすことができた。恋愛ごっこをするには申し分のない環境だったのだ。

当時の日本への再入国許可は一年間で、ニュージーランドでの滞在を延長することはできなかった。いったん日本に再入国し、またニュージーランドにもどって仕事を続けることも可能ではあったが、そこまでしてニュージーランドで暮らしたいとは思わなかった。東京で生まれ育ったミーハーのわたしには、ニュージーランドはやはり田舎だった。子育て中の家族には理想の環境かもしれないが、若い独身女性には刺激が少なすぎた。「よそのくに」で一年間暮らした後、わたしは古巣の日本に舞いもどった。

再び日本にもどって

二四歳で日本にもどっても、まだはっきりとした将来の見通しはできていなかった。生まれ育った家族(原家族)の存在はまだまだ大きく、五人の娘たちをどのように片付ける(結婚させる)かに腐心している母の姿がひたすら鬱陶しかった。このプレッシャーをはねのけるためにも、経済的自立は必須条件なのだ。

また英字新聞の求人欄で職探しを開始し、今度は世界的なコンサルティング会社に就職することができた。この会社では、コンサルタントと呼ばれるプロのエリート集団と、それをサポートするスタッフがきれいにわかれていた。一九七〇年代中頃の当時は、世界的な企業でも性別役割分業は現在よりも徹底しており、女性のコンサルタントは皆無で、本社から派遣されていた二人のアメリカ人女性もサポートスタッフの教育係でしかない。いずれにせよ、わたしはここではじめてプロと呼ばれる人たちの仕事ぶりを目にすることになった。そのプロ集団の中には、現在も日本のオピニオンリーダーとして活躍している人が何人もいる。

余談になるが、アメリカ人サポートスタッフの一人ナンシーはわたしと同じ年で気が合い、いまでも友人としてつきあっている。彼女も時代の変化を敏感に感じ取り、アメリカに帰国後、ビジネススクールでＭＢＡ（経営学修士）を取得し、プロのビジネスウーマンとして活躍した。バリバリの現役時代、「秘書の日」に彼女の男性秘書に何をプレゼントしたらいいか悩んでいると聞かされたときには、時代の変化に驚かされたものだ。

彼女に関しては、苦い思い出もある。一九八〇年代後半、わたしはニューヨークに滞在するときは、彼女のマンハッタンの高級マンションを常宿にさせてもらっていた。あるとき、出勤する前の彼女がわたしに、平日は仕事をしていて週何回か掃除にきているメイドの仕事ぶりをチェックできないので、わたしに代わりにチェックしてほしいというのだ。どのような返事をしたのかよく覚えていないが、メイドとして働いた経験のあるわたしには、彼女の発言はショックだった。この件があってから、昼間のマンハッタンを歩いて気づくようになったのは、公園で白人の子どもを遊ばせているのは、ナニーやメイドとして働いている黒人や移民の若い女性たちが多いということだった。もしもわたし自身にナニーやメイドの経験がなかったら、彼女たちの姿は視野には入ってこなかっただろう。白人の女性たちが社会参加を果たし、どんどん力をつけていった背景には、白人女性たちの家事労働を担わされた非白人女性たちの姿があったのだ。

話をコンサルティング会社にもどすと、当時は丸の内にあったオフィスで働けることだけで有頂天だった。バッチリ化粧して、高級外資系ＯＬの自分に満足していた。コンサルタントは、わたしとはまったくちがう世界の住人ぐらいにしか考えていなかった。コンサルタント自身が、サポートスタッフを同等の人間だと考えていないことをいつも感じさせられていた。でも世間知らずのわたしは、まあそんなものなんだろうと納得していた。わたしは受付と人事部長の秘書をしていた。会社にはレターや報告書の書き方のマニュアルがあり、すべての書類はそれに則ったものでなくてはならない。一つ一つのフォーマット（書式）をおぼえるのもひと仕事だった。働きながら専門学校に通うパターンは相変わらずだったが、それはプロをめざしたものではなく、秘書としてのスキルアップを意図したものでしかなかった。

ところが、せっかく入ったコンサルティング会社を一年もしないで辞めることになってしまった。やっと仕事にも慣れた頃、カナダ検査会社の元先輩秘書に誘われてスキー休暇を取ったはいいが、はしゃぎすぎてスキー場で骨折し、一ヵ月ほど入院するはめになったのだ。その頃、「家庭の事情」なるものが、またぞろわたしの人生に影響を与えはじめていた。当時の在日家族の多くがそうであるように、わたしの家族も限られた社会資源を拡大家族の中でどうにか回しながら生き延びていた。父が病気がちで、子沢山だったわが家は、親戚の家で人手が足りなくなると、姉たちが（ときにはわたしも）手伝いに行かされていた。そうしたときに采配をふるうのは、長男である父ではなく、フットワークが軽く弁が立つ叔父であった。今度は、手広く商売をしていた伯母の家が破産したので、その家族を救済するために相模原で焼肉屋を開業することになり、料理上手の母とわたしたち姉妹が店を手伝うことになったのだ。母は強く反対したが、家父長制の下にあって、女子どもの声など、家長が決めたことをくつがえすだけの力を持てるはずもなかった。何か目標をもって行動していても、いつなんどき、家庭の事情で中断させられるかわからないという状態は、わたしに無力感を植えつけた。

家族を対象化できるようになったいまのわたしにはとても考えられないことだが、その叔父の「仕事を辞めて、焼肉屋を手伝え！」という命令に、たいした抵抗もせずに従ったのだ。年齢的には大人のはずだったが、まだ家族の範囲を超えて自分の人生を考えることができていなかった。仕事を辞めることは簡単だが、唯一のセーフティネットに思えた家族との絆を切ることなど想像もできなかったのだ。家族に逆らって、一人で生きていくだけの自信がなかったのだろう。それからどのくらい、母と姉と一緒に焼肉屋を切り盛りしただろうか。唯一の楽しみは、オープンしたばかりの地域の図書館に通うことだった。まだ蔵書の少なかった図書館は、リクエストした本をほとんど購入してくれた。その頃の読書体験がわたしの思考の骨格を作ってくれたように思える。

この頃のことを時系列に沿って思い出すのはむずかしいが、ニュージーランドからもどった一九七四年以降、わたしは志をおなじくする「仲間」をもとめてあちこちの集会に顔を出すようになった。「中ピ連」（中絶禁止法に反対しピル解禁を要求する女性解放連合）の集会にも参加したことがある。代表の榎本美沙子という女性の声高なスタイルに違和感を覚えて、このグループとは関わりをもたなかった。「アジア女性資料センター」の前身である「アジアの女たちの会」（一九七七年発足）に参加しはじめたのもこの頃かもしれない。「International Feminists of Japan」という日本に定住する（ほとんどが欧米の）外国人女性たちがつくったグループの最初の集まりにも参加している。この集まりで、その後のわたしの人生に大きな影響を与えることになる、わたしよりちょっとお姉さんのアメリカ人女性のモードと出会っている。この頃から、自分の生き方は、世界（主に先進国）のあちこちで起きている「女性解放運動」（一九六〇年代後半から七〇年代前半）の流れと連動しているのかもしれない、という感触を持ちはじめていた。

『女・エロス』創刊号（一九七三）、『わたしは女』創刊号（一九七七）、『フェミニスト』創刊号（一九七七）などが、いまもわたしの書棚に大事に保管されているのをみると、日本社会の女性たちの新しい動きにわたしは敏感に反応し、雑誌に展開されていた結婚や家族をめぐる議論から強いインパクトを受けていたにちがいない。書物をむさぼり読む中で、内に眠っていた問題意識が、少しずつ頭をもたげはじめていた。一度なにかに目覚めてしまうと、現状打破の欲望がモクモクと育ちはじめ手に負えなくなってきた。それと、ニュージーランドで味わった解放感が恋しくなってもいた。

そこでつぎなる目標を立てることにした。経済的自立のツールである英語力が中途半端なことには気づいていたので、英語の本場であるイギリスに「語学留学」することを決めたのだ。イギリスはわたしにとって因縁のある「よそのくに」でもある。昔とった杵柄《きねづか》で、目標を立ててしまえば行動は素早い。最低限のお金は用意するが、必要な留学費用をすべて調達するには時間的なロスが大きすぎるので、「オーペア制度」を利用することにした。これは日本にはない制度だが、ヨーロッパでは広く知られている。若い外国人女性が、一般家庭で簡単な家事や育児を手伝い、その代償として食事とお小遣いと住居を提供してもらって、語学学校に通いながらその国の言語を学べるというプログラムだ。わたしの場合は、日本にあるオーペア仲介業者を利用して受け入れ家庭を探した。インターネットのない時代に、どうやって必要な情報を得ていたのか思い出せないが、オーペアに関する情報はちゃんともっていたのだから不思議だ。いつものやり方で、すべて準備してから、家族をどうにか説得し、二度目の日本脱出を決行した。

イギリスにて

イギリスでオーペアになる

ヒースロー空港に降り立ったとき、わたしは二六歳になっていた。ロンドンの歴史あるたたずまいに好奇心を大いに刺激され、これからの自分にどんなことが起きるのか興味津々だった。この頃から結婚制度を踏襲せずとも、他者との親密な関係は築けるし、充実した人生を送れると考えはじめたようだ。ただ、それを可能にする経済的自立の方法論を、バイリンガル・セクレタリー（日英二ヵ国語で仕事のできる秘書）以上のレベルで考える度量はまだなかった。

オーペアとしてわたしを受け入れてくれたグッドウィン家の家族構成は、三〇代後半の夫婦と二人の娘たち（七歳と五歳）で、名前そのままに、とてもグッドな家族だった。そこではナニー時代の経験がとても役に立った。マーケットで衣料品を販売していた夫婦には、週何回か掃除をしてくれる通いのメイドさんがいて、わたしには家事の負担もそれほどなく、二人の子どもの世話がオーペアとしての主な仕事だった。平日の午後は、地域の公立高校の中にある外国人のための英語教室で勉強した。さすが英語が一つの産業になっているお国柄、学校のカリキュラムは充実したものだったし、教員の質も高かった。二〇人くらいのクラスには、五人ほどの日本人女性と、近隣ヨーロッパ諸国、南米、そしてイランからの学生がいた。

クラスメートの中で忘れられない友人がいる。イラン人のマンスワだ。いつも陰鬱な表情をしていて、人を近づけない雰囲気をただよわせていた。その彼が、なぜかわたしにはこころを許し、自分の生い立ちと、なぜイギリスで勉強しているのかを話してくれた。一九七九年のイラン革命前で、パーレビー王朝がまだ権勢をふるっていた頃の話だ。彼はイランの政治情勢をていねいに説明してくれたのだが、悲しいかな、わたしにはそれをきちんと受けとめるだけの基礎知識がなかった。記憶にあるのは、彼がこころを込めて用意してくれたペルシャ料理を、おいしそうに食べるわたしに向けられた彼の笑顔だ。こんな個人的な関係を通して、一見するとなんの係わりもないイラン人の彼の悲しみと在日のわたしがかかえる無力感が、どこかでつながっているにちがいないと考えるようになっていた。もちろん、ディアスポラなどということばを聞いたことも目にしたこともなかったが、世界の政治（権力関係）地図が、多くの人たちの悲しみと憎しみの連鎖の背景にあることに気づきはじめていた。

こうして少しずつ、わたしの知らない世界に目を開きつつ、英語以外のことをクラスメートから学んだ。とはいえ英語学習が目的のイギリス滞在、一生懸命に英語の勉強に励んでもいた。学校で学んだ英語は、なるべく日常生活で使うようにこころがけた。すでに働いた経験もあり、意思疎通に困らない程度の英語力はあったので、グッドウィン一家との関係づくりはスムーズにいった。基本的に週末はお休みだったが、ときおり彼らについてマーケットに行き、商品（ジーンズやTシャツ）を身につけモデル兼売り子さんをした。大声で「寄ってらっしゃい、見てらっしゃい」と、客を呼び込むのは楽しかった。売り上げも上々で、バイト代もばっちりいただいた。

デラミコ家に引き続いて、グッドウィン家でも、わたしはこれまで見たことのない女と男の関係を観察することができた。夫婦でおなじ仕事をしているという特殊な事情があってのことだろうが、この二組の夫婦は、よく丁々発止の議論をしていた。ときに険悪な空気が流れることもあったが、二人で対等にやり合っている様子を、わたしは好ましいものとして受けとめた。

イギリスでも、わたしは自由に恋愛ごっこを楽しむことができた。外国だという気楽さがあってのことかもしれないが、日本社会そして在日社会のステレオタイプ化された「女らしさ」をもとめられない関係はとても心地よかった。そして女と男の対等な関係が、けして不可能ではないことを確認できてうれしかった。わたしが「よそのくに」にあこがれたのは、こういう関係の可能な環境を期待してのことだったのかもしれない。

通常一年間のオーペアの仕事を早めに切り上げ、一ヵ月近くかけてヨーロッパを旅した後、再入国許可の期限が切れる直前に、語学学校の修了書を手に、わたしは糸のついた凧のようにまた日本へ舞いもどった。

「ノー」ということの大切さ

再び日本にもどってからの何年間かは、渡り鳥よろしく、より良い雇用条件（具体的には報酬）をもとめて、バイリンガル・セクレタリーとしていくつもの外資系企業を渡り歩いた。何度も面接を受けた経験から、自分を売り込む交渉術といったものも身につけていった。当時は、まだ高度経済成長期の余韻を残しており、バイリンガル・セクレタリーの需要も高く、選り好みのできる時代だった。実際、変わるたびに雇用条件が良くなっていった。それでも、面接する人が日本人の人事部長だったりすると、九割以上の確率で採用されなかった。

この頃のわが家は、さまざまな問題をかかえていた。けして丈夫でない父は、あたらしい事業を起こしては失敗するということを繰り返していた。一番上の姉は、ニューカマーの韓国人と結婚していたが、他のきょうだいも結婚して家を出たり、離婚してまたもどってきたりと、家族関係に軋みが生じていた。まだ家族の軛《くびき》から逃れられなかったわたしは、家族の窮状を救うためにも安定した定収入のある仕事がほしかった。差し迫った問題としては、まずは家族の危機を乗り切る必要があった。このわたしが、家族の中では一番の稼ぎ頭になっていた時期もある。横浜の建て売り住宅を購入するさいも、定収入のあるわたしがローンを組むことになった。頼まれもしないのに、自らすすんで家族の「大蔵省」的役割を担っていたようだ。

そんな状況の中でも、働いてお金を稼ぐことはやりがいもあり楽しかった。韓国とアメリカと日本の合弁企業で働いたこともある。韓国の馬山《マサン》に石油プラントを建設するためのプロジェクトで、期限付きの雇用だった。そこで、ある意味とても在日的な出来事に巻き込まれたことがある。韓・日・英の三ヵ国語に堪能な在日の先輩秘書から、かなり強引に、彼女の親族が「親」をしている無尽（頼母子講）に勧誘されてしまった。なにせわたしのお給料を取り仕切っているのは先輩で、わたしは「ノー」とはいえない。結果として、現在の価値に換算すると百万円近い損失をこうむることになってしまった。またぞろ高いレッスン料を払わされて、「ノー」ということの大切さを学んだ。

スウェーデン大使館商務部で秘書の仕事をしたこともある。この国の高い税率によって支えられた社会保障制度の充実ぶりは、つとに有名だが、わたしはここでの仕事を通して、それまで知らなかった、福祉大国の福祉以外の側面を垣間見ることができた。オフィスでの事務作業だけではなく、スウェーデンから日本に商品を売り込みたいという業者を日本のデパートの商品部に案内したこともある。これはおもしろかった。もしかすると、わたしは営業に向いているのかもしれないと思ったりもした。北欧家具の大ファンだったので、通訳としてスウェーデンの家具屋さんのアテンドをしたときなどはつい力が入って、後ですごく感謝されたりもした。ただ、大使館のランチタイムが一時間半というのはいただけなかった。仕事の後、専門学校に通っていたので、さっさと仕事を終えたかったのだ。大使館の仕事は、雇用条件の折り合いがつかず辞めざるをえなかった。福祉大国の手厚い雇用条件は、ローカルスタッフにまでは適用されなかったようだ。

大使館の後は、国際法律事務所で秘書の仕事をした。そのときわたしは、三〇歳になっていた。わたしのボスは、戦後、司法試験を受けずに弁護士活動を許された数少ないアメリカ人の一人で、秘書の使い方では悪名高き御仁、一年以上勤め上げた秘書がいないと聞かされていた。基本的な秘書業務は、スケジュール管理、来客の接遇、会議や出張の準備、それに英文レターをふくめた書類の作成などだった。ボスが弁護士だったので契約書や遺言書などの書類も多く、法律関連の英単語をおぼえるのに苦労したのを思い出す。それからお茶を入れるのも業務の一部だった。わがままな要求を平気でするボスで、無理難題のエピソードにはこと欠かない。当時は、オーディオ・タイプライターが主流で、ボスの録音したテープを聞きながら、英文レターや資料に仕上げるという仕事が多かった。そんな折りに、英単語の解釈をめぐって「辞書がまちがっている」と怒鳴られたこともある。あるとき、あまりにも理不尽なことを要求するので、すでに「ノー」ということの大切さを学んでいたわたしは、「それはできません！」と、キッパリと拒絶した。でもそれがきっかけで、わたしはクビになってしまった。どう考えても不当な解雇だったので、親しくしていた何人かの弁護士に相談したが、相手が悪すぎるから訴訟などは考えないほうがいいとアドバイスされてしまった。結局、一年半以上勤めた職場を辞めざるをえなかった。この法律事務所では、セクシャルハラスメント（当時はこうした用語もなかった）も日常茶飯事、法律の専門家だけに、法律に触れないスレスレのところでやりたい放題をするのでたちが悪かった。

いつ頃だったのかはっきり覚えていないが、イギリスからもどった後、わたしは川崎桜本の韓国教会を中心に活動している社団法人「青丘社」に出入りするようになっていた。ただひたすら、経済的自立に向けて邁進していたわたしだったが、自分の中の問題意識を社会的文脈の中で考えてみたくなっていたのだろう。そこを拠点に民族差別反対や就職差別反対の運動に関わりはじめたのだ。同時に、「アジアの女たちの会」の集まりにも定期的に参加するようになっていた。この頃から、働きながら社会活動を続けるというパターンがつくられていった。活動を通して、これまでまったく接点のなかった人たちとつきあうようになり、わたしの人間関係（ネットワーク）は大きく広がっていった。

それでも生活のために働く必要があった。国際法律事務所での苦い経験の後に求人欄で見つけたのは、スポーツ用品を製造販売するアメリカの会社の秘書だった。この会社で、はじめて女性のボスの下で働いた。実は入社にあたって、ちょっとしたエピソードがある。

直属のボスとなる人との面接を終えた後、先輩格にあたる社長秘書の女性に呼び止められ、「あなたのような人はこの会社にこないほうがいいわよ」と忠告されてしまったのだ。これにはビックリした。天邪鬼のわたしは、そのことばによって、逆に会社とその社長秘書に興味をもったのだからおかしなものだ。働きはじめてから、彼女の人となりを知るにつけ、仕事以外にも、彼女からさまざまなことを学ぶようになった。親しくなってから彼女の発言の真意を問いただすと、「この会社には、あなたはもったいないから」と答えてくれたが、これは買い被りというものだろう。彼女は、「弱きをたすけ強きをくじく」を絵にしたような人で、上におもねることなく、現場で働く末端の人たちに心配りをする頼もしい先輩だった。大ボスであるアメリカ人社長にもズケズケと意見し、周りから一目も二目も置かれていた。

その頃(一九八〇年代前半)は、外資系企業における秘書業務といったものが大きく変わっていく節目の時代でもあった。英文レター作成が、手動タイプから電動に変化する過渡期だった。彼女はコンピュータがオフィスを席巻する前の、最後の職人肌の秘書だったといえるだろう。コピー機がまだ普及していない時代に、六枚のカーボンコピーに一つのミスもない英文レターを作成できる腕をもっていた。残念ながら彼女は、自分の時代は終わったと早期退職してしまった。「わたしが稼ぎ過ぎると夫が働かないから、今度は夫に働いてもらうわ」といって辞めていった。ところが、物事は彼女の期待通りには運ばず、後に仕事を辞めたことを後悔することになる。

いずれにせよ、たしかに一つの時代が終わり、ＩＴ中心の職場環境で働く時代が到来しつつあった。この新しいＯＡ（オフィス・オートメーション）化への移行期に、わたしは頸肩腕症候群という職業病に罹ってしまった。アメリカ人のボスは、買い付けのために東南アジアの国々に出張することが多く、留守を預かるわたしの仕事量は半端じゃなかった。モノが日本と東南アジアを行き来するので、荷物の発送や受け取りの書類を準備するのは重労働だった。当時は、ＰＣでおなじ資料を何枚も再生できるわけではなく、大量の書類をタイプしなくてはならない。女性のボスの期待に応えたいと頑張りすぎたのかもしれない。わたしは会社で二人目の患者だった。最初にこの病気になった同僚は、わたしよりも重症で、腕の上げ下げもできなくなっていた。会社側には職業病への理解がまったくなく、彼女は何の生活保障もなく泣く泣く職場を去ろうとしていた。

わたしはすぐに零細企業の未組織労働者を支援する川崎の仲間に連絡を取り、同僚を労働災害専門のメンバーに紹介した。いったん、支援のネットワークにつながってしまえば、話は早かった。すぐに労働基準監督署から職員が会社に査察に訪れ、査察の結果、職業病の認定がなされ「労働者災害補償保険」（労災）が受けられるようになった。そのときは、わたしの症状はそれほど深刻なものではなかったが、仕事ができなくなるまでさほどの時間はかからなかった。幸いなことに、先例があったので、労災認定の手続きはスムーズに運んだ。晴れて労災認定患者になり、一年近く休業補償を受けながら自宅療養を続けることができた。最初の六ヵ月間は百パーセントの給与支給があったと記憶している。頸肩腕症候群患者がふえるにしたがって、労災補償の内容はどんどん悪くなっていった。病気になってラッキーというのもおかしな話だが、わたしの場合は、かろうじて労災終了後を考えるだけの時間的余裕が確保できたので、やはりラッキーだったといえるだろう。

わたしはこの経験から、働き続ける上で大切なことをたくさん学ぶことができた。職場でなにかおかしなことが起きていたら、「見ざる、聞かざる、いわざる」は禁物であるということ。まずは声をあげ行動することが大事なのだ。そのときは、その行為が自分以外の人のためのように思えても、労働環境の改善は、結局のところそこで働く自分自身のためでもある。とはいえ、一度罹ってしまった職業病は、後々までわたしの働き方に大きな影響を与えることになった。

別名「お姫さま病」ともいわれるこの病気は、外見は何ともないのだから、周りからの理解が得られず精神的にきつかった。主治医からは、治療の極意は「何もしないこと」、回復のために当分はお姫さまになりきるようにとアドバイスされた。完治はありえないといわれていたので、これまでとちがう働き方を模索せざるをえなかった。主治医から転地療養を勧められていたこともあって、わたしはまだ実現していない一〇代の頃の夢に再チャレンジすることにした。そう、アメリカに勉強しに行くことを決めたのだ。

アメリカへの留学を決意

またぞろ具体的な目標を前に、わたしは奮い立った。その頃、わたしは真剣に悩みはじめていた。外資系企業で上級役員秘書として働くという初期の目標も、だんだんと色あせたものになっていた。職業病になったということもあるが、人生の目標が「高給の秘書」でしかないことに疑問を持ちはじめていたのだ。振り出しにもどって、もう一度自分の人生を考えてみたいという思いが募っていたようだ。

アメリカ行きを決意した頃、「アジアの女たちの会」で一緒に活動していた仲間の一人の職場が閉鎖されてしまった。彼女もアメリカの大学院への留学を考えていたので、二人で一緒にアメリカ行きの準備をすることにした。そのプロセスの最中でわたしは、内面化していた自分の「マイノリティ性」と対峙することを余儀なくされた。アメリカで勉強することを決意したが、それはイギリスのとき同様に、語学留学程度のものでしかなかった。大学院をめざす友人から、「おなじ勉強するなら、なぜ学位をめざさないの?」と聞かれたときも、その問いの意味するところがよく理解できなかった。正規のルートで大学に入るという発想がまったくなかったからだ。どんなことであれ、在日である自分に正規のルートが可能などと考えたことはなかった。わたしの生まれ育った環境に、大卒の女性の姿はなかったし、「女に学問は必要ない」という儒教的男尊女卑の文化の中で自己形成してきたわたしの辞書に、「大学進学」という文字はなかった。自分が大学に入れるなどと思ったこともなく、アメリカで新しい風にあたって英気を養い、つぎの仕事につながればいいくらいの野心しか持ち合わせていなかったのだ。

こうしたわたしの心性のありようが、実は文化資本と呼ばれるもののなせる技だということを知ったのはずうっと後になってからだ。いまでは、学歴と格差の間に相関関係があることを否定する人はあまりいないだろう。日本の子どもの貧困問題を研究している阿部彩は『子どもの貧困――日本の不公平を考える』(岩波新書、二〇〇八)の中で、貧困世帯の子どもに低学歴が集中していることに注目し、この問題の解決のためには無償教育の徹底だけではむりだと述べている。彼女は、子どもの成長に影響を与えるものとして、「経済的要因」以外に「文化的要因」があると指摘する。学力など目に見えるものだけでなく、身についた物腰、知的な話し方、そして「反学校」意識などの、子どもを包囲する文化の継承に着目する必要性を説いている。女が自己実現を成功させるためには、三つのものが必要だといわれている。ロールモデル(お手本)とメンター(助言者)とピア(仲間)の三つだ。こうしたものの不在も、文化資本の問題といえるかもしれない。

話を元にもどすと、「どうせ勉強するのなら学位をめざすべきだ」という周りの女性たちの励ましを受けて、わたしははじめて正規のルートを模索することにした。このことの意味するところは大きい。在日の女で貧しい家庭に育ったわたしは、社会の主流ではなく、その周辺でソコソコ暮らしていければそれでいいと、負け犬のメンタリティしか持ち合わせていなかったようだ。自分が置かれた状況的制約に抵抗しながら生きていたつもりが、実は「井の中の蛙」でしかなかったことを思い知らされた。やはり、格差を前提にした社会構造を見抜くには、それ相応の必然的・偶然的な現状打破のきっかけが必要なのだ。いずれにせよ、この経験を通して大きな発想の転換をすることができた。友人たちは、正規のルートのノウハウを知らないわたしに、入学願書の書き方から指導してくれた。

そして合格通知を受け取った大学のうち、二つの理由で、ニューヨーク州立大学オールバニー校に留学することを決めた。州立大なので学費が私立大より安かったし、東京で知り合った友人モードがそこに住んでいたからだ。そして、留学準備を一緒に進めた友人もニューヨーク大学大学院へ無事入学することができた。

三四歳で学部生になったわたしは、モードの交友関係を通じて、等身大（年齢が近いという意味）のアメリカ人女性と知り合うことができた。モードと夫のデヴィッドは、平和活動で名高いクエーカー教徒の東京オフィスに勤めていたことがある。東京時代の彼らの専門は「朝鮮半島」問題だった。一九七〇年代後半、アメリカ人である二人はすでに北朝鮮（朝鮮民主主義人民共和国）を訪れていた。ピョンヤン滞在中に撮った写真を示しながら、二人は当時の北朝鮮の状況を解説してくれた。朝鮮半島の政治情勢を、皮肉なことにわたしはアメリカ人である彼らから学んだのだ。そして相模原の図書館通いの日々に、著作から強い影響を受けた在日知識人の一人に引き合わせてくれたのも彼らだった。

東京では、モードを中心にしたCR（意識変革運動）グループに参加し、自分たちを取り巻く環境を女性の視点で点検するという訓練を重ねた。モードは素晴らしいリーダーだった。自分の考えを押し付けるようなことは一切しないのに、気づいたらグループ全体が彼女の指し示す方向に進んでいるということが何度もあった。彼女はオールバニー（当時人口約一二万のニューヨーク州都）でもCRグループを主宰していて、メンバーたちは新参者のわたしを快く迎え容れてくれた。その集まりから、自分と同年代のアメリカ人女性たちが、どんな問題に取り組んでいるかを知ることができた。助産師のケイティはニューヨーク州のDV女性のためのシェルターづくりの運動について、スペイン語を解する活動家のジルは南米でアメリカが政治的にどういう動きをしているかを話してくれた。

モードとデヴィッドは、オールバニー市でコミュニティ（地域）活動家として働いていた。街の中心にビルを借り、いくつものNGOやNPOがオフィスを共有していた。そこに出入りする中で、さまざまな社会活動において大学と地域のむすびつきが強いことに気づかされた。実際、二人は地域活動だけでなく、大学の仕事もしていた。大学にちかいこともあり、わたしは頻繁に彼らの家を訪れた。自宅は持ち家ではあったが、彼らの暮らしぶりは実に質素で、生活の中に華美さは欠片《かけら》もなかった。でも彼らの生き方・働き方は、貧しさとは対極にあるものだった。家の扉は友人たちに開け放たれており、人と人をつなぐネットワークの豊かさが、いつもそこにあった。

二人の関係性のつくり方からも大いなる刺激を受けた。CRグループはモードの自宅で行われたが、デヴィッドはその日の晩はなるべく外で過ごすようにして、わたしたちに協力してくれた。夕食に呼ばれたときも、家庭菜園で収穫した野菜とチキンといったシンプルなメニューの調理から後片付けまですべてを彼が担い、モードとわたしに二人だけの時間を存分に与えてくれた。彼の友人を招いたときは、逆にモードが料理と後片付けを引き受ける。生き方においても、働き方においても、一方がもう一方に過度に依存するということがなかった。

こうした関係性を目の当たりにして、韓国学園の同級生の家に遊びに行ったときのことを思い出していた。友人の夫は飲食店をいくつか経営していて、友人も経理を手伝っていた。わたしが訪ねたとき、友人の夫も家にいて新聞を読んでいた。友人とわたしがおしゃべりに興じている間に、彼の傍らで遊んでいた幼い娘がおもらしをした。すると「オーイ、これ見てみろっ」と、彼が友人に後始末を指図したのだ。間髪を入れず、友人は粗相の後片付けのために立ち上がった。わたしはこころの中で「自分の娘だろが、おしっこの世話くらい、お前がやれ！」と毒づいていた。当時からわたしには、性別役割分業にたいする強い抵抗感があったようだ。

生き方・働き方を考える上で、もう一人印象に残る人物がいる。大学のカリキュラムに「コミュニティ・サービス」というプログラムがあった。地域活動に参加することで単位

「マジックサークル」の
子どもたちと

が取れるのだ。わたしは学業の一環として、大学にほどちかい生協に隣接して設えられた「マジックサークル」（魔法の輪）という学童保育に参加した。機能不全家族の子どもたちを対象とし、ボランティアは子どもたちと一緒に遊んだり、勉強の手伝いなどをした。そこでビルという男性と知り合った。彼は朝七時から一一時まで郵便配達人として働き、後の時間はすべてボランティア活動に費やしていた。ミュージシャンでもあり、子どものための物語も書いていた。ビルのかたわらにはいつもギターがあった。大きなポンコツのキャデラックを運転して、ときおり、わたしと子どもたちをドライブに連れて行ってくれた。靴下にはいつも大きな穴があいていたが、彼から貧しさのにおいを感じたことは一度もなかった。

ある日、子どもたちが神妙な顔をしてわたしに懇願してきた。「ビルと結婚して、二人でわたしたちを養子にしてほしい」と。残念ながら子どもたちの期待に応えることはできなかったが、この申し出は、たくさんの考える材料を与えてくれた。子どもに安全と安心を保証すべきファミリーが機能不全を起こしていたら、自分たちの意志で新しいファミリーをつくるという発想にまずは驚かされた。そして、注意深く周りの大人を観察して何人かに合格マークをつけ、実際にアプローチしてみるという行動力にも驚かされた。いずれにせよ、これまで家族を絶対視していたわたしには、子どもたちの家族観は新鮮だった。

こうして、キャンパス外の活動もふくめて大学生活を満喫したが、自己資金（学費と生活費）は二年分しかなく、なるべく早く大学を卒業しなければならなかった。幸い、アメリカの大学は単位さえ取得すれば四年間通う必要はなく、夏休み返上で勉学に勤しんだ。三年目の学費と生活費は、シスローンとママローン（姉と母からの借金）でまかなうことができ、無事、三年で卒業して学士号を取得することができた。当時は日本への再入国期限も延長されていて、途中一度、日本にもどるだけで済んだ。

「女幻想」をこえて

アメリカの大学（とりわけ黒人学と女性学の授業）で多くを学びはしたものの、浅薄な理論武装のまま一九八六年に、わたしはこっけいなほど「頭でっかち」の状態で日本に舞いもどった。「今度こそ自分の好きなことをしながら暮らすぞ！」と、無手勝流にパワーを全開にして身構えていた。アメリカ東部の小さな学園都市で進歩的、ときに過激な女たちと、一緒に笑い、怒り、泣き、悩んだ三年間を過ごし、すっかり女と女のつながりの心地よさに酔いしれていた。日本にもどっても、その酔いから醒めやらず、女たちとのつながりの中で仕事を探したいと考えていたのだ。

　そこでわたしは、女性運動を通じて親しくなった日本人の女友だちがはじめた事業（翻訳通訳業）を手伝うことにした。「女と一緒に」何かをするということ、ただ「女とつながる」ということに有頂天になっていた。現実のビジネスも、社会運動の延長線上にあるような錯覚に陥っていたのだろう。明確な方針も長期的な展望も持たずに、女同士のつながりから自分の思い描く生き方が実現できると素朴に信じ込んでいた。つまり、重度の「女幻想」に取り憑かれていたのだ。だが冷徹な現実を前に、幻想が崩れるのにたいした時間はかからなかった。有能な女友だちと一緒に仕事をして、己の実力の無さを痛感させられた。三年の学生生活で、新しい知識で頭は満杯だったが、いざ自分の力で現実のビジネスをする段になると足腰の弱さが露呈してしまった。気づくと、シングルマザーで仕事と子育てを両立させていた女友だちの「女房＝補佐役」に甘んじている自分がそこにいた。半年も経たずに、彼女の元を去ることになった。すべてはわたしの現実認識の甘さに端を発していた。

　とはいえその後も、性懲りもなくわたしは「女幻想」に翻弄され続けた。男性優位社会の女性の状況を変えうるような職業に就きたいとの一途な思いを払拭できずにいたのだ。女性用避妊具の開発会社、アンチポルノ映画上映の企画、自主映画の字幕翻訳など、女性運動系列の分野で食べてゆく手立てはないかと暗中模索を続けた。現在も女性の状況にたいした変化はないのかもしれないが、当時も女性が独自に起業しようとしても、ビジネス界は男仕様にできていて、女性は容易に足を踏み入れることはできなかった。ボランティア的な形で女たちと連《つる》むことはできても、女同士のつながりを企業化したり、そこから食べていくのに十分な収入を得るのは今以上に難しかった。

食べていく手段が見つからないまま、時間だけが容赦なく過ぎていった。だが現実の問題が目の前に迫っていた。すでに述べたように、わたしは大学を卒業するために家族から数百万円の借金をしていた。余裕のない中でお金を工面してくれた母や姉妹のためにも、一日も早く仕事を見つけ働きはじめる必要があった。幻想と現実のはざまで無為無策のまま揺れ続けるわたしに、二つの出来事が新たな一歩を踏み出す勇気を与えてくれた。

ジョブとワーク

大事なメンターの一人であるモードに、わたしは留学中のお礼と近況報告をかねて苦しい胸の内を書き送った。折り返しの手紙で、モードはわたしにつぎのようなことばを贈ってくれた。

"My work is more than my job, and my life is more than my work!"

わたしはこのメッセージを「人生において、ほんとうにしたいこと（ワーク）は、生計を立てるための仕事（ジョブ）よりも大切、でもそれ以上に大切なのは生きること自体を慈しむこと」と、自己流に受けとめた。これが「やりたいこと」と「食べていくこと」のはざまで悩んでいたわたしに、大いなる示唆を与えてくれた。

振り返ってみると、これまでのわたしは在日社会の保守的な女性像から自由になるための手段として、ジョブを最優先させながら生きてきたようだ。多くの男たちそして女たちが学習してしまった女性像を我が身に引き受けたくないのなら、男に依存するような生き方を選択するわけにはいかない。非日本人として日本社会で生きていくハンディを乗り越えるためにも、また在日社会の温情的家父長制のワナに陥らないためにも、ジョブの確保を最大目標にしてきたのは、ある意味で必然であったのだと思う。そして、生来の一徹さが功を奏してか、ジョブに関しては自分の思惑通りのものを確保することができたようだ。そのときになって初めてジョブ以上のもの、つまりワーク＝やりたいことに対する強い欲望が生まれたにちがいない。

そんな宙づり状態のとき、ふと目にしたことばが視界をさらに広げてくれた。『朝日新聞』（八七年一〇月二六日付）に載った記事の中で、物理学者の故竹内均は「新エンゲル係数」なるものを提唱していた。エンゲル係数を模したこの新係数は、喰うためにやむをえずやっている仕事の時間が一日の労働時間の中で占める割合を表わしている。新エンゲル係数がゼロの生活というのは、ほんとうにしたいことだけをやって、それで食べていける生活を示している。わたし流の解釈をするなら、ジョブとワークが一致した状態のことなのだ。

この時期にわたしがイメージしていたワークとは、物質的な豊かさだけを求めるのではなく、社会との関わりや人との関わりを実感できるような営為あるいは活動のことだったようだ。さらにそのワークを、自らの生い立ちを振り返って、在日そして女であるがゆえに味わった不条理の解消に少しでも役立つものにしたいとも思っていた。わたしがもっと聡明だったなら、ジョブとワークを重ねるためにプロ（専門職）の道を歩み、より実質的に社会を変えうるような働き方をしていたかもしれない。でも悲しいかな、その聡明さも実力も持ち合わせていなかった。それでも凡人は凡人なりのやり方や生き方を模索していくしかないのが現実だ。

いずれにせよ、それぞれちがう文脈で出会ったモードと竹内均のことばによって、自分が置かれている状況を理解することができるようになった。どうもわたしはアメリカ生活を機に、新エンゲル係数を一気にゼロにしようと焦ってしまったようだ。だが、それはあまりにも無謀な企てであった。日本とアメリカでは、社会の成り立ちにちがいがありすぎた。それに人口一〇万強の小都市で可能だったことが、何千万もの人口をかかえる巨大都市でそのまま実践できるはずもなかったのだ。生きのびるためには現実路線を取らざるをえなかった。新エンゲル係数ゼロ、つまりジョブとワークが完全に重なった状態を夢想するのではなく、まずはジョブ時間の最小化とワーク時間の最大化を目標に「就活」をはじめることにした。

職業病の再発

だがこれまでとはちがって、今回の職探しの壁は学歴でも職歴でもなく、年齢制限だった。外資系企業の求人募集も「三五歳」が上限だった。三七歳での就活は、またぞろ困難に直面することになる。すぐには正社員の口が見つからず、派遣会社から仕事を回してもらいながらの職探しとなった。派遣先には、これまで縁のなかった日本企業も入っていた。X社もそんな企業の一つだった。面接のとき、一介の派遣社員の雇用審査にすぎないのに、面接員として何人もの管理職が雁首並べていたのには驚いた。わたしはバイトの乗りのままX社で働きはじめ、同時進行形で外資系企業の面接を受け続けた。なかなか正規の仕事が決まらない中で、X社から正社員にならないかとの誘いがあった。面接時の仰々しさは、実は正社員候補の下見だったようだ。でもそのときは、外資系への就職しか眼中になく、丁重に申し出を断わった。

そうこうするうちに、トラベラーズチェックで知られる世界的な大企業への就職が本決まりになった。まったくの偶然だが、直属のボス（上司）になるアメリカ人は、以前勤めていた国際法律事務所でインターンをしたことのある弁護士で、なんと彼の日本人の妻はわたしの元同僚だった。そんな関係で、もろ手を挙げてわたしを歓迎してくれた。国際法律事務所での経歴が評価されたようで、ナンバー2の職位にある弁護士のアシスタントとして採用されたのだ（ITが普及しはじめた当時、欧米系の企業はセクレタリーという呼称を使わなくなっていた)。給与も含めた雇用条件は申し分のないものだった。さすが世界に名立たる大企業、入社に際してのオリエンテーションは一ヵ月にもおよんだ。だが実質的な仕事をはじめて間もなく、わたしは窮地に陥ってしまった。外資系企業の世界は厳しいもので、当然ながらいただく報酬に見合った仕事が用意されていた。それなりの権限も与えられ、ジョブ志向の人には魅力的なポジション(役職)であろうが、最初からワークとジョブの二足のワラジをはくつもりのわたしには、平日はジョブしかできそうもない業務実態は受け入れがたいものだった。さらに大きな問題は、忙しさの中で例の職業病が再発しそうになっていたことだ。忘れていた痛みとしびれが、指先からじわじわと肘、二の腕、肩に上がっていく様子にわたしは心底おびえた。ジョブとワークのはざまで、はたまた病気再発の恐怖の中で、悶々とする日々が続いた。

切羽詰まったわたしは、X社に連絡を取り、まだわたしを雇うつもりがあるかどうかをおそるおそる打診してみた。なんと「出もどり」大歓迎との応えだった。これでどうにか生きのびることができると安堵したものの、全幅の信頼を寄せてくれているアメリカ人上司に、どのように入社早々の辞意を伝えるかに思い悩んだ。正直に労災認定患者であることを伝えることはできなかった。一度なんらかの形で書類に載ってしまえば、「患者」であることが一人歩きして、後々の就職活動に影響があることを恐れた。どのようないい訳をしたのか記憶にないが、どんな理由があるにせよ、上司の期待を裏切ったことは事実として残るわけで、そのときの情景を思い出すと今でも申し訳なさで胸がうずく。

こうした苦い別れを経て、わたしは晴れてX社に入社した。X社での仕事内容と分量なら、職業病が再発することもないだろうし、ジョブとワークのバランスを上手に取れそうだとのしたたかな計算もあった。入社後も、何度か正社員への誘いがあったが、もう同じ過ちを繰り返すつもりはなかった。職業病に罹ったことで、これからは絶対に過剰な労働はしないと肝に銘じた。そして苦境を前向きにとらえ直し、「出世」ではなく「自由時間」を優先させる働き方の実践を決意したのだった。どのみち在日女性のわたしには、ガラスどころか鉄のシーリング（天井）が見えていたのだから賢明な選択だったと思う。結果として、わたしは一年ごとに契約を更新する「契約社員」として、二四年後の現在も生活費をX社で稼いでいる。入社時に確認した正社員とのちがいは、わたしには退職金が支給されないということだけだった。住宅手当など正社員には支給されながらわたしには支給されていないものに関しては、契約更新時に給与に上乗せしてほしいと要求した。社員との直接的な給与交渉は日本企業では稀なようで、当初会社はわたしの要求にとまどっていたようだが、結果的にほとんどの要求を受け入れてくれた。

社畜になるべからず

一九六四年創業のX社は、入社当時、従業員三千人足らずの中堅企業で、その社名も業務内容もわたしにはまったく馴染みのないものだった。いずれにせよ、旧財閥系の大企業と比べると、それなりに進取の気性に富み、女性や外国人の起用にも積極的であった（実は優秀な男性社員をリクルートできないという舞台裏の事情があってのことだが）。会社は時流に乗って多角化とグローバル化を推し進めることで高成長をとげ、現在は海外グループ会社をふくむと二万人ちかい社員を有する大企業に成長している。

海外の事業展開に伴って生じる「ビジネス英語」のニーズに応えていくことが、会社からわたしに求められた業務内容だった。入社当初は、ビジネス英語を駆使できる人材も限られており、英語翻訳やアテンド（随行）通訳なども含めた英語関連の仕事は多岐にわたっていた。二〇〇〇年に、『英語屋さん　ソニー創業者・井深大に仕えた四年半』（浦出善文、集英社新書）という本が評判になったが、わたしの仕事はその本に書かれたことと重なる部分が多い。財界で屈指の英語の達人として知られるX社のCEO（最高経営責任者）は、通訳を必要としなかったが、彼の英語のコレスポンデンス（通信文書）、プロトコル（社交儀礼的な文書）、それにスピーチの英訳はわたしの業務範囲だった。初仕事は、CEOのために「日本的経営」というスピーチを英訳することだった。八〇年代、破竹の勢いで成長を続ける日本経済は世界から注目の的で、成功の秘訣である日本的経営を知りたがる人たちが世界中にいたのだ。CEOは右肩上がりの日本経済を代表する国際的ビジネスマンとして海外でも引っ張りだこで、あちこちの国際会議でスピーチをした。CEOの世界に向けたメッセージを概観するだけでも、日本の企業社会の現況や方向性を垣間見ることができて興味深かった。まさに日本経済がバブル景気に沸く時期に中堅企業に入ったわたしは、バブル期からリーマンショック以降までの日本の企業風土の変遷を、末席から眺めていたことになる。

入社当初から、会社と委託契約をむすぶ外部の優秀な英語母語話者のチェッカー（添削者）と一緒に仕事をした。インターネットを駆使した彼とのコラボレーション（共同作業）で、わたしは英語力に磨きをかけることができた。だがビジネスの世界に身を置きながらも、ビジネスそのものに興味をもつことができなかった。とはいえ、一定レベルの質を提供し続けるために、X社も含めた日本企業の経営理念、企業文化、商慣行、そして世界経済の動向などをある程度は把握しておかなければならない。翻訳の依頼を受けるたびに、関連業界の情報収集をするなどして、ジョブ範囲内での勉強だけはおこたりなくやっていた。こうした地道な努力を積み重ねながら、まずはジョブの環境を整えることに専念した。

X社から依頼された仕事は手抜きせずていねいにこなすが、「手柄」のためにに率先して仕事を引き受けるようなことは一切しない。会社での地歩を固めはじめたわたしの次の関心事は、どのようにしたら労働時間を短縮できるかということだった。八〇年代後半は、ほとんどの日本企業はまだ週休二日制を採用していなかったが、週休二日を確保できたし、基本的に残業はせず判で押したように退社時刻にオフィスを出た。日本企業では長くても一週間が常識だった夏季休暇も、外資系の慣習をそのまま踏襲し、二週間以上取っていた。正社員になっていたら、こんなわたしにとっての「あたりまえ」も、「わがまま」と一蹴され実行できなかったかもしれない。なぜわがままを押し通せたかを後知恵的に考えてみると、はぐれ者であるとの自己認識があったからだと思う。所詮、日本社会（ひっくり返せば会社）は、在日そして女であるわたしを全面的に受け入れているわけではない。だとしたら、日本人並みあるいは男並みにがんばることにあまり意味はなそうだった。一労働者としていただいた給料分だけ働けばそれでよしと割り切ることができたのだ。だがチームワーク中心の日本企業では一匹狼的な働き方はなじまないし、進んで「仲間はずれ組」に入ったのだから疎外感は自ら引き受けなくてはならなかった。もしも正社員になっていたら、絶対に二四年間もX社にいられなかったはずだ。X社にも「ノミニケーション（コミュニケーションが目的の飲み会）」への無言の強要、退社時間になっても席を立てない無言の圧力、ほかにも「社畜」を裏づける日本特有の企業文化がたくさんあった。自らの来し方を振り返ったとき、息（生き）苦しくさせるさまざまな制度（文化も含む）に抗ってきた歴史がある。高等教育を受けて、こうした制度が自然でも、普遍的でも、絶対的でもないことを学んでもいた。大人しく笛吹き男に従うネズミの運命をなぞるつもりなどさらさらなかった。「社畜に成るべからず」は、わたしが職業病から得た貴重な教訓なのだからムダにするわけにはいかないのだ。

とはいえ物事には両面があって、一見、今もてはやされている日本型ワークライフバランスの先端をいくような働き方も、別の側面からみると、意思決定のプロセスには参加できず、いつまで経ってもパワー（権限・職権）を身につけられないという大きな弱点がある。男性優位社会を変えたいなら、女性たちがあらゆる分野でパワーを獲得していかないかぎり実質的な変革には結びついていかない。こうしたジレンマは、残念ながら個人で引き受けるには荷が重すぎるようだ。

話が前後するが、X社への入社の少し前から、わたしは友人を通じてワークにつながる仕事をはじめていた。リッキー・リビングストンというアメリカ人女性が、日本にゲシュタルト心理療法を紹介するために、八二年に東京ゲシュタルト研究所を設立した。リッキーはある程度の日本語の会話力はあったが、トレーニング（研修）を行うには不十分で通訳が必要だった。研究所ではプロとセミプロを含めた何人もの通訳が、ローテーションを組んで仕事をこなしていた。何ヵ月かのお試し期間を経て、わたしも研究所専属の通訳として働くようになった。採用にあたっての彼女の弁がふるっている。「他の通訳に比べると英語力はいまいちだけど、あなたの存在は訓練の場でジャマにならないから」といわれたのだ。喜んでいいのか、悲しんでいいのかよくわからないままに、週一回の夜のプロ育成コースと月一回程度の週末ワークショップ（体験型講座）合宿の通訳を引き受けていた。

大学で社会学を専攻したわたしには心理学の素養がまったくなかったが、通訳の仕事を通して人間の深層心理という未知の世界に足を踏み入れることになった。わたしが通訳を担当したのは、プロのセラピストを目指す人たちを訓練する少数精鋭（六、七人程度）のコースで、参加者の内面を総点検するような過酷な訓練が続いていた。通常の社会生活ではけしてさらけだすことのない精神的葛藤をあぶりだし、自らの深層心理と格闘する彼らの姿には強い感銘を受けた。こうして、俗世界では味わうことのできない濃密な時間を研修生と共に過ごした。わたしはこのワークにすっかりハマってしまった。とりわけ、ゲシュタルト・セラピーにクラウン（道化）のエッセンスをとり入れ、リッキーが独自に生み出した手法にはいたく魅せられてしまった。詳細は彼女の著書『聖なる愚か者　内なる道化と人生の創造性』（アニマ２００１、一九八九）に紹介されているが、ピエロの赤い鼻が日常を瞬時に非日常に変える様子は圧巻だった。赤鼻をつけた参加者が、にわかづくりの舞台に立ち、内なる自分と対峙する姿はオーディエンス（観衆）を舞台にくぎづけにした。一人の人間が目の前で変容する場面に立ち会うのは、何度体験しても刺激に満ちみちていた。

ワークショップでは、個人の内面に働きかけていくプロセスを「ワークする」と称していた。参加者が自分のかかえている問題を吐露すると、「じゃあそのことをワークしましょう」ということになる。こうした通訳の仕事から、わたしは自らの内面についても多くを学び、これで生活できたら新エンゲル係数をゼロにできるのにと夢想することもあった。研究所のマネージャーの日本人男性は、そんな夢想を現実のものにしていた。彼の学歴と職歴は「エリート中のエリート」であることを物語っていたが、そうした華々しい経歴をすべて投げ出しジョブとワークを一致させる決断をした人物だった。研修生でもある彼と彼の妻の生き方に触発されはしたが、貧困が人間関係を不健全なものにするのを体験として知るわたしには、経済的な安定を保証するジョブを一気に投げ出す勇気は、当時もそして今もなさそうだ。ノンシャランと「貧乏生活」を楽しんでいる二人を目にしながら、在日の自分と彼らの出自そして立ち位置のちがいを強く意識させられるだけだった。

東京を離れて自然の中で行う合宿もすばらしかった。週末の合宿には、研修生以外の参加もあり、外見からはうかがい知ることのできない参加者一人ひとりの精神世界の奥深さにただただ圧倒された。もちろん、参加者の多くはある種の生きがたさをかかえているからこそ、こうした催しに集まってきたのだ。現在では犯罪として認識されつつある、DVそして児童虐待の問題も、参加者が「ワーク」しなければならない課題としてすでにそこにあった。とくに親から子どもへの暴力は、子どもが成人した後もトラウマとしてその人を悩ませ続けるのだ。親から受けたむごい仕打ちの「物語」が、次から次へと参加者の口から紡ぎ出され、それを通訳していくわたしの作業はつらいものだった。だが「ワーク」後の彼らの目の輝きが、そんなしんどさを吹き飛ばしてくれた。

八〇年代は、日本社会が加速度をつけてバブル経済大国に向かって邁進していた時代で、その変化のスピードに違和感をおぼえる人たちもたくさんいたようだ。「自己啓発セミナー」ブームが活況を呈した時代でもあった。わたしも友人に誘われ、当時ブームの頂点に立っていた組織の勧誘を意図した集まりに参加したことがあるが、その商業主義的手法のうさん臭さと参加者の熱気に辟易した。いずれにせよ、わたし自身も含めた個人が、大きな変化の渦の中でどうにか折り合いをつけようと右往左往している姿を、通訳の仕事を通して目に焼きつけることになった。結局、リッキーがアメリカに帰ってしまうまでの約三年間、わたしはジョブ（X社）とワーク（東京ゲシュタルト研究所）の二足のワラジをはき続けた。

問題山積の共同生活

大学卒業のために貯金をすべて使い切り借金までしてしまったわたしには、日本にもどっても実家に居候する以外の選択肢がなかった。それでもジョブが決まった後、早々に親元を離れアパートでの一人住まいをはじめた。ジョブの給料に加えワークからも収入を得ていたので、借金の返済も思っていたよりも早く片づきそうだった。原家族とほどよい距離が取れはじめた頃、わたしは家族制度に絡めとられない他者との関係を模索しはじめていた。具体的には、大学で知り合った日本人男性との関係をどういう形にしていくかが課題だった。「相棒」（親密な関係にある相手を対外的にどのように呼べばいいのか、未だに適切な呼称を探しあぐねている）は筋金入りの非婚主義者で、わたし自身も結婚制度には関心がなく、二人の間で結婚が話題になることはなかった。三〇代後半に突入するやいなや、「出産という女だけにできることを一度はやってみたい」と、産むか産まないかに悩みはじめる女友だちがたくさんいたが、わたしにとって「女の一生」の定番メニューの出産は、主要な関心事ではなかった。子ども好きだが、生物学的な自分の子どもをもちたいとは思わなかったからだ。女性学の授業で、「母性」も実は社会的につくられたものにすぎないことを学び、大いに合点がいったものだ。

　とはいえ、わたしは未経験の異性との共同生活には興味津々だった。人とどのように関わっていくかは、わたしの人生の大きなテーマの一つなのだ。遅ればせながら、親密な関係性を試す絶好のチャンス到来だった。こうして「おなじマンション内の別々の家」が理想の相棒を説得し、一世帯仕様だがドアが二つある都下の公団で八九年から共同生活を開始した。だが新生活をはじめてから、またぞろわたしの詰めの甘さが露呈してしまった。制度としての結婚は忌避したものの、オルタナティブな関係性のイメージ不在のままで、結局は既存の男女観から自由になれない自分がいた。絶対に踏襲したくない男女関係ははっきりしていたが、それじゃどういう関係にしていきたいのかの具体的なイメージは希薄だった。感情丸出しで迫る「赤唐辛子」と理詰めで応える「青わさび」との諍《いさか》いが、いつ果てるともなく続いた。こうした消耗戦から鮮明にあぶり出されてきたのは、相手の言動の問題点というよりも、わたし自身のかかえる家族観をめぐる問題群だった。原家族の中で知らず知らずに身につけてしまった感情表現の癖が、意図に反して相手を遠ざけることも見えてきた。それまでは深層心理を探求する習慣の無かったわたしだったが、ゲシュタルト研修で大勢の人たちの感情表出を目にしたことで、人間の感情表現にある種のパターンがあることを理解するようにもなっていた。異性との同居で、わたしのエネルギーが公的領域から私的領域に向かい、無意識に内面化していた自分の中の男性像と対峙せざるをえなくなっていた。とはいえ、まずは問題山積の共同生活を軌道にのせる必要があった。

ほんとうのワーク探し

日本の「失われた一〇年」(一九九〇年代)とほぼ重なるわたしの四〇代は、不惑とはほど遠い疾風怒濤の時代だった。二〇代と三〇代は、在日一世・二世の女性を取り巻く強力な磁場に飲み込まれまいと必死だった。経済的自立にむけて猪突猛進していたわけだ。だが三七歳でX社に入社しジョブが安定したことで、わたしの中にワークを模索する余裕が出てきた。日本にもどってから、いくつかの人権関連の在日グループに参加するようになっていた。折しも九〇年代は、旧日本軍慰安婦問題が浮上してきた時期だった。九二年に在日の女性たちと一緒に新たにグループをつくり、(韓国で最初に名乗りを上げた元慰安婦の)金学順《キムハクスン》さんの話を聞く会などを催し、慰安婦問題解決に向けての活動に多くの時間を費やしていた。九三年のウィーンで開催された国連世界人権会議にもNGOメンバーとして参加している。会議では、現在では性奴隷（sex slaves）と称される慰安婦問題、そして旧ユーゴの集団レイプなどの「女性に対する暴力」が主要テーマになっていた。またその年は、在日の宋神道《ソンシンド》ハルモニが元従軍慰安婦だと名乗りを上げた年でもある。グループの多くのメンバーが、ハルモニを支えるための会でも活躍するようになった。だが活動がますます政治運動化するにしたがって、グループ内に考え方や路線のちがいも出てくるようになっていた。結果的に、正確な時期は失念したが、九七年の後半（九八年の前半かもしれない）にグループは解散した。何年にもわたって在日の女性たちと、旧日本軍慰安婦問題に関わる活動をしていて、わたしは今を生きる在日女性の多様性にも目を開かされた。主要なメンバーはわたしよりも一回り若い女性が多く、ほとんどが四年制の大学を出ていた。わたしの時代とは在日女性の状況がちがうのだと、在日社会の変化を実感させられたものだ。

それでも当時のわたしは、グループ活動を続けながらも、日本社会における在日女性としての自分の位置づけに苦悶してもいた。フェミニズムの標語である「個人的なことは政治的なこと（Personal is political）」の個人的な部分の葛藤を本音で語り合える在日の仲間を切望していた。おなじ活動をしていても、核心的な問題意識まで共有しているとは限らない。また思い込みと思い入れの強さが災いし、せっかく在日の女性たちと知り合っても信頼関係を築けずに、関係を壊してしまうことも多かった。友人から「反省の天才」と揶揄されるほどすぐに反省するのだが、いくら反省してもおなじ轍を踏んでしまうのだ。何度かの失敗を経て、わたしは軸足を定めるために「在日朝鮮人女一人会」なるものを旗揚げした。朝鮮＝チョーセンということばには、チョーセン＝挑戦の意味も込めた。在日女性とのつながりにこだわらずに、まずは個人としての自分を見つめ直したかったのだ。

人生に迷いはじめると、学校にもどりたがる傾向がわたしにはあるようだ。今回は大学院だった。ジョブと両立できることが条件だったので、割合入学がラクな日本にあるアメリカの大学で学ぶことに決めた。「英語屋」をジョブとしていたので、英語という言語と真正面から向かい合ってみたかった。とりわけ、英語の覇権言語としての歴史を学びたいと思っていた。結局、より現実的な路線に沿って「英語屋」をブラッシュアップするための「英語教授法」を専攻することにした。会社での勤務が終わった後、週二回、夜の授業を受けていた。入学はしたものの、英語教師養成のためのカリキュラムに沿って行われる授業がすべておもしろかったわけではない。同級生の多くは、職を得るために教育学修士号をすぐに必要としていて必死で勉強していた。わたしの場合は、その時点で教師になろうと思っていたわけではなく、興味のある授業には本腰を入れるが、たとえ必修科目であっても興味のもてない授業はなおざりにしてしまうという悪い癖が出て、途中で投げ出してしまったこともあり、卒業には長い年月がかかってしまった。当時は、学籍を置くだけなら授業料は必要なかったので、安心してズボラをきめこんでいられた。しかし、あるとき大学から指定期間内に卒業しないと授業料を徴収するとの連絡があり、あわてて未完の小論をいくつか仕上げ、ぎりぎりで卒業にこぎつけた。気づいてみると、卒業まで一〇年もかかっていた。それでも、このときの修士号が後で大いに役に立つことになる。

九四年に大学院生になってからは、二足どころではなく、何足ものワラジをはくようになっていた。慰安婦問題関連のグループ以外にも、気の向くままにさまざまな女の集まりに顔を出していた。日本人の友人に誘われて、イギリスの女性学会に参加したこともある。そこでも「女性に対する暴力」が大きなテーマだった。日本の女性運動も少しずつ変化しはじめていた。セクハラということばが市民権をもちはじめ、女性たちが「子どもや女性に対する暴力」の問題に本腰で取り組み出したのも九〇年代に入ってからだ。大阪ウーマンズスクール（駒尺喜美が設立した女性の学びの場、九一年開校、二〇〇一年閉校）の活動を知ったのもこの頃で、性暴力の専門家であるリンダ・ジンガロをカナダから招聘しワークショップを開催したとき、わたしは彼女の通訳を仰せつかった。その後リンダは頻繁に来日するようになり、各地で彼女の講演やワークショップが開催されるようになった。通訳として何度か一緒に仕事をして、わたしは彼女に全幅の信頼を寄せるようになっていた。労働者階級出身でロマ民族（ジプシーと称されることもある）の血を引く彼女とは、性差別だけではなく、人種差別そして階級差別の問題について心置きなく議論を交わすことができた。そのリンダに進行役になってもらい、当時の横浜女性フォーラムから助成金を得て、マイノリティ女性が「生きのびるための戦略」をテーマにしたワークショップを企画したこともある（『在日コリアン女性のためのエンパワーメント・ワークショップ報告書』、一九九七）。九〇年代後半には、アフリカ系アメリカ人作家のベル・フックスの勉強会もはじめている。まるで憑き物でもついたかのように、ほんとうのワーク探しに奔走していたようだ。あまりにもたくさんのワラジをとっかえひっかえしていたので、こけることも多かった。何度も救急車のお世話になったのもこの頃だ。地下鉄の駅や電車の中で倒れたことも一度や二度ではない。

当時のがんばりは、常軌を逸していた。まるで馬車馬のように、職場と学校、そしていくつかのワークの現場の間を駆けずり回っていた。一つには真剣にほんとうのワーク探しをしていたということもあったが、私生活の問題から逃げたいという心情もたぶんに影響していたにちがいない。まったく思い通りにならない「他者」を目の前にして、お手上げ状態の自分がいた。貧しい大家族の在日家庭で肩を寄せ合うように暮らしてきたわたしと、ダブルインカムの核家族のお手本のような家庭で育った相棒とでは、「空間」の考え方自体がちがっていた。わたしの育った環境には、実質的な個人の概念がなかった。必死で自分を守ろうとする相棒の言動は、わたしの目には秘密主義者の挙動不審としか写らなかった。

わたしはオモニ（母）を反面教師とし、母のように生きない（生かされない）ためにはどうしたらいいかと、逆算するような形で人生を組み立ててきていた。恐れおののいていた

（国家、民族、家族、結婚、母性といった）磁場からやっと自由になっている自分を実感してもいた。それなのに、急に立っている地面が大きく揺れはじめたかのような不確かさがわたしを襲ってきたのだ。自分の才覚で人生をコントロールしているという自負心が、すっ飛んでしまったようだった。共同生活には楽しいこともたくさんあったが、相手の個人主義に不信感をもつわたしと、わたしから「夫婦の一心同体」を押しつけられていると感じる彼との溝は深まるばかりだった。ちょうどその頃相棒の職場が変わったこともあり、これを口実にわたしたちは共同生活に終止符を打つことにした。まずは居住空間の共有をやめ、それぞれが相手に何をもとめているかを考え直すことにしたのだ。こうして九六年に、わたしは建て直したばかりの実家にもどっていった。共同生活の解消は、せっかく築いてきた関係性を自分の手で壊してしまうのではという不安もあったが、まずは次の一手を考える時間が必要だった。実家にもどってからもわたしの過密なスケジュールはそのまま続き、「失われた一〇年」の後半を青息吐息の状態で過ごすことになった。

パワハラ上司を告発

X社は一歩ではなく半歩前進という慎重な経営手法が幸いしてか、日本のバブル経済崩壊にもそれほど大きな痛手は受けず、順調に事業を拡大していった。バブル期の日本企業の多くが、多額の費用を支払ってアメリカ仕込みのコンサルタント会社などに、コーポレイト・アイデンティティ（CI）の確立を依頼していた。具体的には、社名変更や新しいロゴのデザインといった、対外的なイメージを変えることが意図されていた。X社もこうした波に乗り、CIによって企業イメージを一新させていた。イメージチェンジ後も拡大路線を続け、国内外を問わず多くの会社を合併吸収し規模拡大を図っていた。その中には、これまではX社の関連企業にはなかった小売業（直接消費者に商品・サービスを販売すること）も入っていた。小売業にも進出したことで、TV媒体などを利用しての宣伝広告もはじまった。入社当初は、社名を口にしてもだれも知らないような会社だったが、今では様相がすっかり変わっている。

早くから海外展開をしてきたX社は、トップの方針でダイバーシティ（多様性）を積極的に推進している。海外の留学生を正社員として雇用しはじめたのも早かった。残念ながらトップの意向と現場の現実がミスマッチを起こすことも多かった。わたし自身も、社風に馴染めずに悩む非日本人の同僚たちから何度も相談を受けたことがある。何年か前に、優秀な在日三世の女性が民族名で入社したが、さすが優秀なだけに早々にX社での限界に気づき、「石の上にも三年」を待たずに外資系企業にさっさと転職してしまった。短い間だったが、わたしは社外で一緒に食事をしたり、わたしの自宅でおしゃべりを楽しんだりと、若い彼女と親しくさせてもらった。輝かしい経歴と明確な人生設計をもちながらも、気負わず飄々とした彼女の姿に好感を抱いた。自然体で経済的自立を実践している若い在日世代を目にするのは、わたしにとっては新鮮な驚きであり、在日社会の変化を実感できてうれしかった。

さてわたしのX社での働きぶりに話をもどそう。二一世紀に入って、日米のビジネス界では企業の不祥事が新聞紙面をにぎわすようになっていた。これを受けて、コーポレイト・ガバナンス（企業統治）やコンプライアンス（法令遵守）などの舌を噛みそうなカタカナ用語が、わたしの業務にも頻繁に登場するようになった。社内にもコンプライアンスを専門に扱う部署が設立された。X社の事業拡大に伴って、これまでとはだいぶ毛色のちがう人たちも入社してくるようになっていた。わたしが所属する部署にも、とんでもない人物が入ってきた。噂によると、経済界の大物の秘書をしていた人らしい。部下を名前ではなく、等級（その頃正社員には職位順に等級がつけられていた）で呼ぶような御仁だった。「パワハラ」のマニュアルがあったら、すべてがそのままあてはまってしまう傍若無人ぶりだった。座席が近かった補佐役の管理職は、怒号をもろに浴びて難聴になってしまうほどだった。職場環境は一気に悪化した。どうも「お局《つぼね》」的なわたしの存在も気にくわなかったらしく、部下に命じてわたしを恫喝するようなこともした。同僚たちは陰で不平不満をいうことはあっても、正面からこの横暴な上司に楯突く人はいなかった。わたしの長いX社とのつき合いの中でも、初めて遭遇する事態だった。わたしは親しくしている同僚たちに声をかけ、新設されたコンプライアンス部にパワハラ上司の行状を告発することを提案し、それを実行に移した。内部告発者を英語ではウィッスル・ブロアー（whistle-blower）という。笛吹き男に黙って従うのではなく、自分たちが「笛吹き」になって事態を変えようとしたのだ。もちろんピラミッド構造の組織ゆえ、上位に位置していないわたしたちがはじき飛ばされること（クビ）を覚悟の上での行動だった。うれしいことに、会社は期待以上の早さで事態に対応してくれた。笛を吹いた三人はすぐに別々にヒヤリング（意見聴取）を受け、そして一ヵ月もせずにわたしたちではなくパワハラ上司が飛ばされたのだ。職場環境は元にもどり、また安心して仕事ができるようになり一件落着した。

会社がどんなに大きくなろうとも、わたしは自分の働き方のペースを崩さず、ジョブ時間の最小化を考え続けていた。週五日の勤務がどうにも堪え難くなっていた頃、友人がある大学の非常勤の英語教師募集の情報をもたらしてくれた。現状打破のために応募を決め、必要な書類を大学に郵送した。このときに、あきらめずに取得した教育学修士号が役に立ったのだ。間もなくして採用通知の連絡があり、その旨を会社に伝えなくてはならなくなった。このときの会社の反応に、わたしは思わず苦笑してしまった。人事課の担当者は、「大学で教えることも社会貢献の一環ですから、いいんじゃないですか」と、言ったのだ。二一世紀に入って、日本でも企業の社会貢献や社会的責任（Corporate Social Responsibility）といったものが問われはじめていたのだ。

こうして二〇〇五年の四月から、わたしは月曜から木曜までは会社勤務、そして金曜は英語の非常勤講師という働き方をするようになった。その後も、わたしのジョブ時間最小化の試みは続き、二〇〇八年一一月からは、在宅勤務を開始し、火曜だけ出社すればよいことになった。一台のPCがわたしと会社をつなぎ、自宅でジョブができるようになったのだ。まさに「情報技術（IT）革命、万歳！」だ。さらに今年（二〇一三年）の四月からは、別の大学でも教えるようになり、現在は週三日のX社勤務になっている。最終的には、ジョブを卒業しワークに専念したいと考えているが、それをいつにするかは思案中だ。X社との雇用契約書を見ると、わたしのような契約社員には定年がない。つまり、ジョブに関しては自分が定年を決められる身分なのだ。とはいえ、ここは需要と供給の関係で、雇用者側から契約解消を求められるリスクは常にある。

　さてわたしにとって、非常勤講師という立場はなかなか微妙だ。ジョブともワークともつかないあいまいさがあるからだ。ジョブとして考えると、身分の不安定さ、そして常勤との給与格差などの問題が横たわっている。それでも企業とはちがって、教育の現場には利益追求型とは異なった人と人の関わり方があるように思える。大学側は、わたしの企業での英語スペシャリストとしてのキャリアを踏まえて、学生たちに英語を教えてほしいと思っているのだろう。たしかに個人的には、英語のもつ特権を最大限に利用して生計を立ててきた自分史がある。でもわたしは考えてしまうのだ。なぜ、どのようにして英語が実質的な「世界共通言語」になってしまったのかを、「言語と権力」の問題として学ぶことができるはずだと。スキルとしての英語の域を超えた、英語を通して世界の権力構造を考えることができるような授業ができたら本望だと思っている。わたしにとって「教える」という行為は、自らが「学ぶ」ための一つの方便なのかもしれない。英語の非常勤講師というジョブとワークのあわいに身を置き、わたしにとっての「働く」ということの意味を今一度考えてみたいと思っているようだ。

社会ともっと深く関わりながら

二一世紀に入ってから、わたしは先の見通しの立てにくい相棒との関係を続けながらも、ワークを充実させるために奔走してきた。二〇〇〇年には前述のリンダと一緒に、日本での二人のワークショップの経験をブリティッシュ・コロンビア大学主催の女性学会で発表し好評を得ることができた。二〇〇二年からは、DV被害女性の支援活動に携わる女性対象の海外研修に、通訳の一員として定期的に参加するようにもなった。二〇〇三年には、先駆的に道を切り開いてきた有名無名の女性たちを紹介するために八七年に発刊された『女の暦』に、在日女性の生き様もその一頁に加えようと書き手として関わりはじめた（本書巻末、コラム〈在日の女たち〉参照）。そして二〇〇六年には、この文章が掲載されている文芸誌『地に舟をこげ』立ち上げにも参加し、以後も編集者の一人として関わり続けている。またおなじ年に、ベル・フックス勉強会の成果として、彼女の著書『とびこえよ、その囲いを』を翻訳出版した。

こうして、疾風怒濤の四〇代を生きのび五〇代に入ったわたしの軸足は、これまで以上にワークに傾いていっているようだ。それは日本社会の変化と無関係ではない。九九年の「男女共同参画基本法」や二〇〇一年の「DV防止法」の設立によって、日本における女性運動も確実に変化している。わたしが日本の女性運動と接点を持ちはじめたのは七〇年代後半からだった。それから三〇年以上を経て、これまで民事不介入の領域だった「家庭」の中の出来事、具体的には子どもや女性に向けられる暴力の問題が、多くの女性たちの関心を集めるようになったのだ。たとえば、わたしのワークの現場の一つであるNPO「女性の安全と健康のための支援教育センター」(九九年設立)は、子どもや女性への暴力と取り組む支援者を対象に研修や公開講座を開催し、支援活動に携わる女性たちにネットワークづくりの場を提供している。わたし自身もここでのネットワークを通じて、女と女のつながりをどのように社会変革に結びつけていけるのかを模索している。二〇〇六年に実家を出て、職住接近の一人住まいをはじめてからは、これまで以上にワークを充実させることに拍車がかかっている。

資本主義経済を生きるわたしたちは、なんらかの形で生活費を稼がないと生きていけない。わたしと同年代の在日女性の多くが、在日への差別が今よりも酷かった時代に、「生活婚」(生活のための結婚)へと流れていった。喰うための方便であるジョブの確保が絶望的に難しかったからだ。絶対に「生活婚」を選びたくなかったわたしは、未踏の道を歩まざるを得なかった。その道程では、経済的自立は至上命令だった。時代の後押しもあって、どうにかこうにか経済的自立を成し遂げた後に、わたしの人生は「人はジョブのみにて生くるにあらず」という新たな局面を迎えたわけだ。会社ではなく、社会ともっと深く関わりながら生きていきたいという欲望を抑え切れなくなったのだ。人と人のつながりで構成されている社会と関わるということは、つまりは一人ひとりの人間と深く関わっていくということを意味している。そしてわたしと同じような境遇を生きてきた在日の女性たち、そしてわたしの娘世代・孫世代の女性たちのこれからに強い関心をもっている。わたしのワークの射程には、在日の女性たちと関わっていくことがしっかりと入っているのだ。

わたしが六〇歳の誕生日を迎えたとき、家族がサプライズ還暦パーティを催してくれた。その日、勝負下着としての真赤なブラジャーとパンティ、そして甥の一人が作成した家族全員のわたしへのメッセージが収められたＤＶＤをプレゼントされた。ＤＶＤの画面には、ロッキーのテーマ曲がＢＧＭとして流れ、こぶしを振り上げて闘う女のポスターが映し出されていた。なるほど、甥や姪の目には「闘う女」としてのわたしが刻み込まれているというわけだ。たしかに長い間闘い続けてきた。ジョブの現場でも、そしてワークの現場でも。現実問題として、在日の女であるわたしには、闘い続けなくては巻き込まれてしまう磁場が幾重にも張りめぐらされていたのだから。振り返ってみると、わたしは六〇余年の人生のほとんどを、女個人に押しつけられた既成の制度や価値観を解体することに費やしてきたのだと思う。これまでにない働き方、これまでにない人と人の関わり方を求めて、暗中模索していたわたしがそこにいる。これからもそうした希求を捨てるつもりはない。

ただ、モードからの「人生において、ほんとうにしたいワークは、生計を立てるためのジョブよりも大切、でもそれ以上に大切なのは生きること自体を慈しむこと」というメッセージの最後の部分はまだ宿題として残されたままのようだ。ジョブとワークの間を忙しく行き来していたわたしには、「人生を慈しむ」余裕などはなかったというのが本音だ。それ以外にも積み残したままの課題がたくさんある。相棒との関係性もその一つだ。たぶん、人と人との関係には、そんなスパッと竹を割ったような結論などないのだろう。ということは、これまでと同じように、一つ一つの課題に愚直に取り組んでいけ、ということなのかもしれない。

時代の産物である自分

わたしはこの小論を、「わたしたちは時代の産物でもあるのだ」ということばで書きはじめた。在日女性として、わたし自身が日本社会の中でどのように働き、そしてどのような人間関係を生きてきたのかを概観し、時代の産物である自分を改めて意識せざるをえない。右肩上がりの経済は、たとえ女でも外国人でも、がんばればどうにか道が拓かれるという「物語」をまき散らしてきた。そして、その物語の一部をわたし自身も生きてしまったようだ。だが二〇一一年三月一一日の複合災害以降、経済規模の縮小は避けられなくなっている。消費大国の日本はもう過去の幻影でしかない。そんな日本社会で、次の世代の在日の女性たちはどのような選択をしていくのだろうか。こうした時代背景の下で、次世代の在日女性が、既成の価値観から自由で、それぞれの身の丈に合った働き方と人との関わり方を選択していくのは、これまでと同じように（あるいはこれまで以上に）難しいかもしれない。それでも、その時代に見合った知恵を駆使しながら、自分の人生を選んでいくしかないだろう。母の世代の女たちにとって抗うのが難しかった「性別役割分業」は、わたしの世代の女にとっては、たとえそれを選ぶ人の数は少なくても選択可能なものになった。わたしに続く世代の女たちが、これまでとはちがうオルタナティブな生き方を、もっと自由に選択できるような社会になってほしいと心の底から願っている。わたし自身は、できるぎりぎりのところで、次の世代に受け継ぎたくないものは自分の世代で解体したいとがんばってきたような気がする。そのがんばりは、現在進行形でこれからも続いていくのだと思う。次世代にとっても、自分仕立ての、自分にふさわしい働き方や人との関わり方の創造には、手間ひまがかかってしまうはずだ。それでも、母の世代の女たちには想像もつかなかった生き方が選択可能になったことは事実なのではないだろうか。

〈『地に舟をこげ』4号（二〇〇九）、6号（二〇一一）、在日女性文芸協会〉

＊この自分史を下敷きにした小論には、宿題として残されたままの課題がいくつかある。たとえば「人生を慈しむ」こと。実はこの本の出版にあたり、これまでの自分の「小さな物語」を読み返す作業それ自体が、自らの軌跡をたどる旅であり、人生を慈しむ営為そのもののように思えてくる。自分に向かって「ごくろうさま」と、労いのことばをかけてあげたい気持ちになってきた。

もうひとつの宿題は、相棒（現在はこの呼称を使っていない）との関係だ。気が遠くなるような時間をかけて対話を重ねる中で、見えてきたのは「自分」という人間の立体像だった。「他者」である相手に映る自分を凝視することで自己認識が深まっていった。より深く己を理解することで、以前ほど周りの人たちの動向に振り回されない自分を感じている。「自分」と「自分」の関係が安定することで、ごく自然に相手との関係がバランスのよいものに変わりつつある。これからも、ほどよい距離を保ちながら、心地よい関係を続けていこうと思っている。

さてX社との雇用関係だが、二〇二〇年三月二〇日現在も、「在宅勤務」という形で雇用が継続していることを報告しておきたい。在日のわたしが、日本企業と三〇年以上も雇用関係を続けていることに、わたし自身が驚いている。

出産と参政権

カチッカチッカチッ……。時計の針は規則正しく時を刻み続ける。そして、わたしの生物時計（バイオロジカル・クロック）は、「もうそろそろ時間切れだぞ」と告げはじめた。自然出産に関する限り、女という性をもつ者の生殖可能期間は、男のそれよりも短い。そうなのだ――わたしは女にとって〈あたりまえ〉だと思われている子どもを産むという経験をしていない。儒教道徳の影響をいまだ色濃く伝える在日社会、その中では子産みに対する女へのプレッシャーは日本社会のそれよりもさらに強い。

「一人くらい産んでおかなくっちゃ年をとってから淋しいよ」
「女は子どもを産んでこそ、一人前なんだ」
「一度は経験すべきよ」
「子どもを産むと世の中変わるよ」
「育児は育自」
「老後は誰に面倒みてもらうのよ」
「子どもを産むと女は肉体的に強くなるの、だって子どもと一緒に体の中の毒素が、ぜ～んぶ出ちゃうんだから」

「子どもを産んでいないあんたに、いったい何がわかるのよ」

などといった、説得ともおどしともつかない御託宣を何度きかされてきたことか。まあ、それはそれなりに経験法則から出てきたのもあって、一概に否定するつもりはない。でも、何か、どっか、やっぱり納得ゆかない。てな具合で、わたしは〈女は子どもを産むのがあたりまえ〉という命題に合点がゆかないまま生きてきた。

つらつら考えてみるに、こんな形の〈あたりまえ〉にずいぶん若いときから反発を覚えていたなあ。「なぜ」「どうして」と、その答えを求めて三千里、太平洋を越えてアメリカへ。あっちの女は元気がいいぞ、いろんな女が溌剌と生きているぞ、という友人たちの声に誘われて大海原を飛び越えた。いわずもがなだが、アメリカ合州国はユートピアとはまだまだほど遠い社会だ。でも、わたしはそこでわたしと同じように〈あたりまえ〉に大きな?(クエスチョンマーク)をつけ、「なぜ」「どうして」と問いはじめている多くの女たちにめぐり合うことができた。考えるという作業になれていなかったわたしだが、周りの女たちの思考の自由さに刺激され、少しずつ自分で考えることをはじめた。

実際にそこには、「産む産まないは女の自由」という標語を高く掲げる多くの女たちがいた。女たちは子どもを産むこと自体を否定しているのではなく、〈女は子どもを産むのがあたりまえ〉という考え方に反対しているのだ。そんな女たちに囲まれて、わたしは大きなパラダイム・シフト(発想の転換)をすることになった。これまで〈あたりまえ〉だと思わされていたことが、実は〈あたりまえ〉なんかじゃないってことがわかったのだ。子どもを産むか産まないかは、自らの意思で、自分で決めていいのだという考え方がとても新鮮だった。長いあいだの胸のつかえがとれたような、すっきりした気分だった。在日社会で〈あたりまえ〉のことが、別の社会では〈あたりまえ〉でなかった。とどのつまり、「井の中のメス蛙」が大海を知ったということだ。

でも、アメリカ社会に生きている女たちが、実際にこの自由を存分に享受しているわけではない。まだまだ不自由な状況がそこにあった。そんな女の置かれた状況を「二流市民」という言葉で形容していた。形容詞なしの「市民」である男を基準にすることで、女の「二流市民」としての存在が生まれる。フェミニズムが指摘しているのは、女がこの「二流市民」に押しやられ、またその地位に甘んじている限り、子どもを産む〈母親〉という役割の中に取り込まれてしまうということなのだ。つまり、二流という存在は一流という存在を前提にして初めて出てくるわけで、この一流と二流のランク付けがある限り、女はシャドーとしてしか生きられないのだ。そして、そのシャドーワークの中で一番高い価値を付与されているのが、子どもを産み育てることなのだ。繰り返すが、フェミニストたちは子どもを産むこと自体を否定しているわけじゃない。「二流市民」のままで、シャドーワークの一環として女にのみ課せられる〈子産み子育て〉に反対しているのだ。

もちろん、複合文化社会を標榜するアメリカの「二流市民」は女だけではない。白人の男を中心にアメリカ社会は動き、それ以外の人間の「二流市民」化がはかられている。それでも「産む産まないは女の自由」と、自由を希求し続ける女たちの発想の原点にわたしは興味を持った。いったいどんな原理・原則をもとにして、女たちは「ワタシの人生を決めるのは、他の誰でもないこのワタシよ」と主張しているのだろうか。

そこで、わたしは慣れない頭の体操をはじめた。女たちは自分たちの今の状況を「二流市民」と呼んだ。じゃあ二流じゃない「市民」っていったい何なのだろうかと考えを進めていった。そしてわかってきたのは、この「市民」という存在は実は近代社会という今まさにわたしたちが生きている時代の産物であるということだ。市民社会とは「自由・平等な個人が、自立して対等な関係で構成することを原理とする社会」であり、「経済的には資本主義、政治的には民主主義、思想的には個人主義を基調にした社会」なのだ（『大辞林』）。また、社会の構成員たる市民には市民権が与えられ、それは「市民としての行動・思想・財産の自由が保障され、居住する地域・国家の政治に参加することのできる権利」（『広辞苑』）を含んでいる。この市民権（あるいは公民権）とは、「公職（国家や地方公共団体の長およびその議会の議員の職）に関する選挙権・被選挙権、公務員として任用される権利」を意味している。なるほど、わかったようでよくわからない。でも、わからないようで実はすごく大事なことをいっているのだということだけはちゃんとわかる。

アメリカの女たちは、自分たちもこの自由・平等な個人が構成する市民社会の一員だと主張しているのだ。そして、市民社会における当然の権利としての市民権、さらにいうなら自分の生き方は自分で決める「自己決定権」を要求しているのだ。

そういえば在日の日本における法的地位を語るときに、この市民権ということばが使われていた。でも、いまいちその意味があいまいだったような気がする。市民権とは人権・民権・公権とも同義に用いられ、その中心概念が参政権のようだ。居住する地域・国家の政治に参加する権利というのが、選挙権・被選挙権を含んだ参政権のことなんだ。そうなのだ――わたしはこの市民権・選挙権の行使である投票するという経験も、これまで一度もしたことがないのだ。日本人でない在日は、なぜだか参政権がないことが〈あたりまえ〉だと思いこんでいる。そして、市民社会の原則からすると、参政権を持たない在日のわたしたちは市民ではないということになる。参政権を持つ日本の女たちは、日本における「二流市民」で、参政権をもたない在日のわたしたちは「二流市民」でさえないということだ。こりゃ、だんだん混乱してきたぞ。

この辺で、少し頭の整理をするために、一つ素朴な質問をしてみよう。なぜ在日の中では、この近代民主主義の要である参政権の獲得が真面目に論議されてこなかったのだろうか。なぜ在日の生活実感では、参政権のないことが〈あたりまえ〉になってしまっているのか。これはどうも参政権が、一般には「国民」に与えられた権利だと理解されてしまっているからのようだ。日本国民とは日本国籍を持った者、日本という国家の戸籍に記載されている者として定義されている。そして、国民でない者には参政権が否定されてしまうのだ。このような「国民」主義の考え方からすると日本国籍をもたない、日本国民でない在日には参政権がなくて〈あたりまえ〉と思われてしまうのだ。でも本当にそうなのだろうか。

近代市民社会においては、参政権は国民ではなく市民に与えられた市民権の中にあると定義されている。だから今必要なのは在日の参政権がないのを自明視しないために、これまでの「国民」主義一点張りの考え方から、市民社会への参加という発想の転換をすることなのではないか。「国民」主義の社会で〈あたりまえ〉のことが、市民社会では〈あたりまえ〉ではないのだ。そうなのだ――参政権についても在日社会にパラダイムシフトが求められている。

〈女は子どもを産んであたりまえ〉〈朝鮮人である在日には、日本での参政権がなくてあたりまえ〉、この二つの〈あたりまえ〉の発想の根っこはどうもつながっているようだ。この〈あたりまえ〉崩しをするにはいくつかの前提条件の変更が必要なようだ。まずは、基本的人権・自由権・平等権などの諸権利を尊重する民主主義という考え方に価値を置くこと。そして次に、人間が人間として固有する権利である基本的人権を、人種・民族・国籍・性別（ジェンダー）を超えるものとして位置づけることが要件になってくるはずだ。

この近代市民社会の前提である民主主義と基本的人権というフィルターを通して、改めて二つの〈あたりまえ〉を見ると、〈あたりまえ〉だと思っていることが実は〈あたりまえ〉なんかではないということがわかってくる。だって、もし本当に基本的人権を遵守するなら、たまたま女という性を持って生まれた人間が、子どもを産むか産まないかで評価されたり、子どもを産むことでしか自己実現できないなんてことがあっていいはずがない。そして、日本で居住し続けようという在日のわたしたちが「国民」主義的枠組みを乗り越え、市民社会への参加を考えるとき、少なくとも地方自治レベルでの参政権は視野に入ってくるはずだ。

この参政権に際して問題になるのは、日本という国家が現在も排外的な「国民」主義をとり続けていることだ。これまでのように在日が日本国家と同じ土俵にのり、在日の民族主義という名の「国民」主義で、日本国家の「国民」主義に対抗することにはあまり意味がなさそうだ。この二つの「国民」主義を乗り越える考え方として、市民社会という概念を持ち込む必要があるのだ。多分、ここで大切になるのは、社会のイメージを国家から出発してより小さな単位（国民一人ひとり）に向かうといった従来の考え方を変えるということだろう。つまり、日本の文脈でいうなら国から県、県から市町村、市町村から住民といったこれまでの流れを、住民から市町村、市町村から県、県から国へという市民自治のイメージをもったものに変えることが、市民社会への第一歩だと思う。ここで市民社会への参加のウォーミング・アップとして、これまでの頭の体操を踏まえて、参政権に関してのわたしの試行錯誤を話してみたい。かなり体験主義的傾向の強いわたしは、参政権の柱の一つである投票する権利が、どのように行使されているのかをこの目で確かめようと、何年か前から日本社会での総選挙のときに、投票権もないのに投票場に足を運んでいる。そもそものキッカケは、選挙委員会から親しい日本人の一人に送られてきた投票場入場整理券なるものを目にしたことだった。生まれて初めて投票場入場整理券なるものを目のあたりにして、急にこれまで経験したことのない選挙・投票といったものへの興味をかき立てられた。そして、選挙の日にその日本人の友人と一緒に投票場に行き、友人は投票を、そしてわたしは投票場の中をブラブラしながらしっかりと投票現場を観察した。一つの発見は、投票そのものはかなりずさんに行なわれているということだ。投票場入場整理券というハガキさえ持っていれば投票ができる。他に身分を証明するようなものは一切要求されない。同性で同じ年格好であれば、簡単に投票場入場整理券所有者本人になりすますことができるのだ。

これまで三度ほど投票場に足を運んだ。初めてのときはなぜだかわからないけど胸がドキドキした。当然、関係者は投票場入場整理券も持たずにブラブラしているわたしを怪訝な顔で見るわけで、そのせいで緊張してビクビクしたのかもしれない。二度目のときは、それなりに余裕もでき、胡散臭そうな顔をする選挙管理委員会の一人ひとりにちゃんと眼《ガン》を付けて帰ることができた。それにおみやげにと置いてあった紙風船もしっかりもらった。どうせわたしの税金も入ってるんだから。そして、三度目はもうベテラン。生まれてこの方ただの一度も、今まさに生き続けているこの社会の意思決定のプロセスに参加できないってことの意味は何か、なんてスゴ～ク哲学的なことを考えていたのだ。

あえて自分の単細胞を承知でいわせてもらうが、こんな初歩的な実践もそれなりに効果があると思う。〈朝鮮人である在日には、日本での参政権がなくてあたりまえ〉っていう強固な命題を突き崩すには、それなりのショック療法が必要だ。投票場という選挙の現場で何が行なわれているかを自分の目で確認するのは、己れの基本的人権の何が奪われているのかを知るのに有効的な方法の一つだと思う。

わたしは〈女は子どもを産むのがあたりまえ〉というプレッシャーを、「産む産まないは女の自由」という発想にパラダイム・シフトをすることで乗り越えようとしている。そして、もう一つの命題である〈在日には、参政権がなくてあたりまえ〉という考え方に、「国民」主義的思考から市民社会というイメージにパラダイム・シフトすることでチャレンジしたい。なぜなら、わたしという一個の人間が自分の生き方を、人種・民族・国籍・性別を超えるものとして捉えたとき、この「出産と参政権」に対する在日社会の〈あたりまえ〉は、十分考え直すに値するものだと思うから。これからもたじろぎながら、取り乱しながら、考え続けてゆきたい。

〈「出産と参政権」『ほるもん文化』3号、ほるもん文化・編集委員会、新幹社、一九九二〉

第二章　在日の母語と母国語

「国家語」の呪縛を超えて——舌のもつれを解く

ことばとアイデンティティ

今年（二〇〇六年）の夏、わたしはある研修ツアーで、アメリカ合州国太平洋岸のオレゴン州に二週間滞在した。いくつかの旅の思い出の中で、いまも新鮮なものとしてこころに刻まれているのは、一人の「在日」ニュージーランド人女性サニー（仮名）との出会いだった。いつごろからなのか、わたしはさまざまな「はざま」を生きる人間に強く惹かれるようになっていた。確固とした所属や帰属をもたずに（あるいは外されて）生きている人たちに、いいようのない親しみを覚えてしまうのだ。初対面にもかかわらず、わたしがサニーに寄せた好感も、そんなわたしの傾向が影響してのことだろう。在日二世のサニーの外見はどこから見ても白人だが、日本で生まれ育った彼女の「母語」は、わたしと同じように日本語だ。当然だが、外国籍の日本定住者という共通項をもちながらも、宣教師の両親の元に日本で生まれたサニーと、日本の朝鮮半島植民地化の「落とし子」として日本で生まれたわたしの定住歴には大きなちがいがある。そして、そのちがいの意味するところは深く重たい。彼女は大声で「日本が大好き」と叫べるが、わたしにはそれができない。それでも、日本社会のさまざまな局面で「間《あわい》」を生きている彼女の存在に、わたしは励まされるのだ。ああ、ここにも「はざま人間」がいると。

その外見ゆえに、画一化を旨とする日本社会において「目立ってしまう」ことが一番の悩みだというサニー。他方で、身体的差異がほとんど無きに等しいために、必死に努力しないと日本人の中に埋没し、「自分」の存在が消されてしまうことを恐れるわたし。二人の悩み方には二人の背景のちがいが反映しているが、日本人「マジョリティ」の中で非・日本人（マイノリティ）として生きているわたしたちには、「おまえは何者だ？」と問う日本語の声がたえず聞こえてしまう。たとえ第二言語として英語が話せても、サニーにはニュージーランドが自分の居場所だとは感じられないという。そして、ほとんど韓国語の話せないわたしには、一世や一部の二世のように、いずれ帰る「故郷《コヒャン》」あるいは「祖国」として韓国をイメージすることは難しい。二人にとって、自分を表現するのに一番ラクなのは日本語だ。その最も流ちょうに使える日本語が自分という存在を形づくるものであるならば、サニーやわたしのように日本で非・日本人マイノリティとして生きる人間にとって、「言語とアイデンティティ」をめぐる問題群は考えるに値するものだろう。わたしは、そしてたぶんサニーも、日本社会を、これからも定住し続ける場所だと考えている。でも、そのことは日本社会で日本人とまったく同じように生きることを意味してはいないはずだ。だからこそ、これまで以上に「母国」や「母国語」といったものから遠ざかり、日本語の世界にどっぷり浸かりながら生きるだろう、わたしたちの子ども世代の人たち（三世、四世）のためにも、日本社会に生きるマイノリティの「言語とアイデンティティ」の問題をしっかりと考えておく必要があるのではないだろうか。

変貌する在日の環境

いずれにせよサニーとの出会いは、わたしに在日であることの意味を考え直す良い機会を与えてくれた。もう、在日イコール日本に定住する朝鮮半島出身者とその子孫という構図が通用しない時代に入ったことを実感させてくれたからだ。そもそも近代のはじまりは、地球規模の人の移動の幕開けでもあった。そしてわたしたちが生きている現代は、人、モノ、資本、そして情報などが地球上をこれまでにないスピードで行き交うことを可能にした時代なのだ。先進国を自認する日本が、こうした世界の潮流の外にいるわけにはいかない。では、日本への人の流れはどうなっているのだろうか。そうした人の動きの一端を、「外国人登録者」にスポットをあてながら見ていくことにしよう。法務省入国管理局発表の外国人登録者統計によると、二〇〇五年末現在の外国人登録者は二〇一万一五五五人を数え、はじめて二〇〇万台を突破したという。これは日本人総人口の一・五七パーセントにあたるそうだ。そして、少子高齢化を切迫した問題と捉えている日本社会では、このパーセンテージが毎年上がっていくことが予想されている。

わたしの差しあたっての関心は、朝鮮半島（旧植民地）出身者を家族にもち日本に定住する人たちなので、ここからは在日に焦点を合わせて話をすすめたい。国籍別にみた登録者数は、「韓国・朝鮮」籍がこれまでずうっとトップの座を占めてきた。今回の統計も、「韓国・朝鮮」籍が五九万八六八七人とかろうじてトップの座を保っているものの、その数は毎年減り続けている。一方、毎年着実にその数を増やしつつある「中国」籍は五一万九五六一人を数え、「韓国・朝鮮」籍に追いつき追い越すのもそう遠いことではなさそうだ。だからといって在日が、日本から消えていなくなっているわけではない。九割ちかい韓国・朝鮮籍の人たちが日本人と結婚している現在、そうした婚姻によって生まれた子どもたちはほぼ自動的に日本国籍を取得している。また毎年一万人近くが、韓国・朝鮮籍から日本国へ国籍変更をしているといわれている。こうした傾向からわかってくるのは、かなりの数の在日が外国人登録者としてではなく、日本国籍保持者として日本で暮らしはじめているということだ。

こうした統計の推移が物語っているのは、在日を取り巻く環境が、一世や二世が主流だった時代から、三世や四世がその中心になりつつある現在、これまでにない大きな変貌をとげているという事実だ。わたし自身の親族を例にとってみても、去年から今年にかけて、甥っ子二人が日本に帰化（日本国籍取得）した。妹も帰化手続きをはじめている。それぞれの帰化の理由を聞かされて、いまや朝鮮・韓国籍保持は、アイロニカルな意味で一つの特権になりつつあるのかもしれない、と複雑な心境に陥ってしまった。かたくなに国民主義を貫こうとする日本において、非・国民として生きるには、あまりにも多くの不都合と不自由を覚悟しなくてはいけないらしい。妹の場合にも、生活のために、つまり雇用を確保するために帰化せざるをえなくなっている。このように身近なところからじわじわと変化が起きつつあることを実感させられる今日このごろだ。

当然なことだが、在日の有り様の変化といったものは、羅列された数字だけで表されるわけではない。わたし自身の関心は、こうした数値からは見えてこない変化の内実といったものに向かっていく。二〇世紀後半に、朝鮮半島のことばと生活習慣を（程度の差はあれ）身体にしかと刻みつけている一世から、日本で生まれ育った二世への世代交代が行われ、二一世紀を迎えた現在、朝鮮半島のにおいをほとんど身につけていない三世や四世が成人になろうとしている。こうした背景の中で、在日として生きる人たちの内面には、いったいどんな変遷が訪れているのだろうか。それと同時に、二・五世を自認するこのわたし自身の考え方にどんな変化があったのだろうか、そしてわたしはこれから未来に向かってどんな変化を期待しているのだろうか。こうした問題を、わたしは折りにふれて考え続けてきた。ここでは、わたしが物心ついた頃から関心をもち続けてきた「在日のことば」をめぐってこれまでどんなことが語られてきたのかを、わたしの問題意識に沿って追ってゆくことで、在日の変化の一側面を探っていきたいと思う。

母語と母国語のはざまで

まずは、「ことば」あるいは「言語」そのものについて考えてみたい。ことばあるいは言語について語るとき、ゲーテの「外国語を知らぬものは自分のことばをも知らない」という一文が引用されることがよくある（注1）。この文言に示されているように、母語への自覚は、外国語などの母語以外のことばを通してはじめて獲得できるものらしい。母語と外国語への理解をさらに深めるために、田中克彦は『国家語をこえて』の中で、カール・W・L・ハイゼの次のようなことばを紹介している（注2）。

わたしたちは自分のことばの中にとらわれすぎているし、またそれは自分の身近にありすぎるために、それを観察の対象にはしにくい。外国語と、またそれが我々の精神の中にありありと現す、見なれぬ思考の世界に接することによって、はじめて自らの所有物に気づくのだ。

それではハイゼの意味するところを、日本社会にあてはめると、いったいどんな光景が見えてくるだろうか。多くの日本人は、日本語と呼ばれることば・言語を、通常は無自覚に使用しているのではないだろうか。実際のところ、日本国内で生活する限りにおいては日本語以外の言語＝外国語に接する機会もほとんどなく、日本語を取り立てて観察の対象とする必然性も基本的にはなさそうだ。また「単一民族、単一言語、単一文化」神話が、あまねく信じられている日本社会においては、日本民族であることと、日本語話者であること、そして日本国民であることの間にさしたる齟齬は見出せず、そこには葛藤といったものはあまり見られない。ハイゼが指摘しているように、母語である日本語があまりにも身近すぎて、あらためて自分たちの言語を対象化することができないでいる。（韓国で暮らしたことのないわたしだが、韓国でも事情は日本とたいして変わらず、自分たちの言語である韓国語を対象化することは難しいだろう）

ところが、このように母語である日本語に対して無頓着でいられる「生粋」の日本人とはちがって、在日の多くにとっては、何語を話すかがアイデンティティ（自己同一性）のかかわらむ問題であるがゆえに、母語に拘泥せざるをえず、ノンシャランとしてはいられない。同じ日本社会で同じように日本語を使って生活しながらも、在日は、たえず母語である日本語への違和感をもたされてしまう存在なのだ。たとえば、大阪出身の在日の友人は、わたしと二人で交わした往復書簡（注3）の中で「在日朝鮮人として自覚的に意識的に生きてゆこうとするときに、〈母語〉である〈日本語〉と〈母国語〉である〈朝鮮語〉との間に生じる様々な葛藤のために、必ずといっていいほど直面する課題というか問題でもあったし、今更という気もしますが、一方で死ぬまで逃げられないテーマなのではという思いもしています」と、在日の言語をめぐる呪縛を語っている。では、彼女に「死ぬまで逃げられないテーマ」だといわせてしまう、在日の言語状況(注4)とはいったいどのようなものなのだろうか。

「在日文学」と称される分野でも、この「逃げられないテーマ」に真正面から取り組んだ人たちがいる。一世の詩人である金時鐘《キムシジョン》は、自分と日本語とののっぴきならない関係を、自らの恥部をさらけだしながら書き記している。当然だが、一世の実存の有り様は、日本の植民地支配の歴史を無視しては語れない。自分たちの名前を奪われ(創氏改名)、ことばを奪われた(皇国臣民化)経験を記憶している一世が、旧宗主国の「国語」である日本語に対して屈折した思いをもったとしても不思議ではない。皇国少年だった金時鐘は、一六歳のとき日本の敗戦(朝鮮半島にとっては解放)によって、それまで堂々と培って蓄えたことばが無に帰するのを体験する(注5)。自らが関知したわけでもない「解放」によって日本人ではなくなったときから、金時鐘の「ほんとうの自分は何者か」という実存的な問いとの格闘がはじまる。同時に、自分のことばとは何かを必死で考えるようにもなる。そして「壁を引っかくような」思いで、自分の国の文字と読み書きを二ヵ月くらいで身につけてゆく(注6)。そうした苦悩の末にたどり着いたのが、日本語を武器にして詩を書くこと、日本語で文学をやっていくということだった。彼はこうした屈折した心情を、『「在日」のはざまで』で、次のように書き綴っている（注7）。

私の日本語というのは、相当に、過重な規制の中で培われたものなのです。しかし、終戦になって、朝鮮が日本の軛《くびき》を脱しえたということと、私が過重な規制によって培いえた日本語を放棄するということとは、等質のものではありません。この私の、揺藍期の夢がいっぱい身籠もっている日本語を、私は放擲するつもりは毛頭ない。そうではなくて、過重な規制によって培いえた日本語を、日本人に向ける最大の武器として、私は駆使したい。

金時鐘は、自分の使う日本語の「質」にトコトンこだわる。彼の紡ぎ出す日本語は、「日本語でない日本語として」、「もう一つの日本語として（注8）」立ち現れる。彼自身は自分の日本語を、「在日朝鮮人語としての日本語（注9）」と位置づけている。金時鐘のたどり着いた境地が、一世たちの間で普遍的に共有されるものだとはいえないが、抜き差しならぬ崖っぷちで言語と格闘し続ける彼のことばの中に、「人間と言語」の緊迫した関係を根源的なレベルで考えさせる力を感じてしまうのはわたしだけではないだろう。

二世にもこのことばの問題に真正面から取り組んだ書き手がいる。日本の文壇への登竜

門である芥川賞を、在日女性としてはじめて受賞した李良枝《イヤンジ》の受賞作品『由熙《ユヒ》』もまさにこうした在日の舌のもつれをテーマとしている。作品には、「ほんとうの自分」をもとめて韓国に留学した若き在日女性由熙が、「母語」と「母国語」のはざまで苦悩する姿が、下宿先のオンニ（注10）の目を通して描かれている。著者によると、由熙は、日本語の「あ」と韓国語の「아《ア》」の間でことばの杖をつかむことができずに、思い悩み、結局は日本に帰っていくのだという（注11）。芥川賞受賞の三年後、急性心筋炎で三七歳の若さで急逝した李良枝はエッセイの中で、「名分上もしくは観念の上では、韓国語は母国語であり、私のアイデンティティの中心に位置すべきことばであることにまちがいはありません。けれども実際には、母国語である韓国語はどこまでも外国語であり、異国のことばとしてしか受け入れることができなかったのです」と、自らの言語への複雑な思いを吐露している（注12）。

つまり在日二世として自覚的に生きようとすると、この「言語とアイデンティティ」の問題が、巨大な壁のように目の前に立ちはだかってしまうということなのだ。李良枝は、自らの体験を下敷きにした『由熙』で芥川賞を受賞した後も、いったい自分は何者なのかというアイデンティティの問題に悩み続ける。そして、「もしかしたら、自分は〈自分のこしらえた母国〉だけでなく、この自分自身にもひきまわされているのではないだろうか。自分は韓国人であり、韓国人でなければならず、また韓国人でありたい、という〈自分のこしらえた母国〉に、自分自身がひきまわされているのではないだろうか（注13）」と、これまでの自分のアイデンティティの枠組み自体に疑問をもちはじめている。残念なことに李良枝は、その自ら発した問いに答えることなく、天空に舞い上がってしまった。

一世の金時鐘にとっては「実存」が、そして二世の李良枝にとっては「アイデンティティ」がキーワードになっている。金時鐘は日本の朝鮮統治によって日本人にさせられ、李良枝は戦後の日本を生きぬくために親によって日本籍になる。だが、朝鮮半島出身の両親の元に生まれた二人には、「民族的出自」と「民族の血」に対する疑念といったものはない。紆余曲折があったにせよ、二人にとって「母国」「祖国」「本国」は、自明のものとして存在しているようなのだ。だからこそ、日本の植民地支配によって自分の本来あるべき姿が損傷を受けたのだから、本来の姿、つまり朝鮮民族の「ほんとうの自分」を回復することが要請されてしまうわけだ。

そしてもう一人、この「言語とアイデンティティ」の問題と対峙した作家がいる。二〇〇四年に、三六歳で自らの生命を絶った鷺沢萌《さぎさわめぐむ》だ。彼女は、六ヵ月にわたるソウルの延世大学への語学留学の間に、そこで感じたり考えたりしたことを書き綴り、『ケナリも花、サクラも花』という一つの作品に仕上げた。その中で鷺沢は、韓国に断ち切れないつながりをもってしまった人間の気持ちは複雑だとしながら、「わたしはといえば、韓国の血が入った家族の中で誰一人韓国語を読めも話せもしないというのはやはり寂しいことのような気がするので（注14）」、韓国留学を決めたのだと心情を吐露する。彼女の場合は、二〇歳を過ぎてから父方の祖母の出自（朝鮮半島出身）を知ったクォーターの在日だ。鷺沢は成人した後に遭遇した「民族的アイデンティティ」の問題に折り合いをつけるために、自分の内に流れる民族の血と民族のことばである「韓国語」を一体化させることを一つの方策として選んだ。だが金時鐘や李良枝とはちがい、クォーターである彼女には、文字通り四分の一しか民族の血は流れていない。この血の「薄さ」ゆえにどんなに努力をしても、「本国」の韓国人だけではなく日本に住む韓国籍の友人でさえ、彼女の民族的素性に疑いの目を向けるのだ。たとえば李良枝と親交のあったという韓国の女性記者は、李良枝と鷺沢萌を比較して、鷺沢の韓国との関わり方の中途半端さを非難がましい口調で問い紺す。「韓国に対する愛情はありますか」（注15）と。こうした冷ややかな眼差しは、日本にもどってからもついてまわる。留学経験を反芻しているさなかに、鷺沢は三世の女性から「心ないコトバ」を投げつけられる、「やっぱりちがうの、やっぱりわたしから見れば、あなたは日本人なのよ（注16）」と。

「お前は何者だ」

こうして、三人の表現者のことばと帰属意識との葛藤を概観して感じるのは、在日全体を包囲する、抗いようのない「国民国家」という想像の共同体の呪縛だ。近代という時代が、地球上に余すところなく引いた「国境」という境界線。在日は、いまもその線引きの暴力にさらされ続けているのではないだろうか。「お前は何者だ」と平気で問えるのは、自分の属する国民国家に何の疑いももっていない人間にちがいない。こうした鈍感さは、なにも日本人だけのおはこではない。鷺沢萌に冷ややかな目を向ける韓国人記者の眼差しの中にも、同質の鈍感さは見てとることができる。日本で「お前は何者だ」と問われ続けた在日は、たとえ韓国に行ったとしても、こんどは「自分たちの国《ウリナラ》」の起源に疑いをもたない韓国人に、同じように「お前は何者だ」と問われてしまうのだ。どちらへ行っても在日は、それぞれの「国民国家」の正会員(国民＝民族)としての資格に問題ありとされてしまう存在のようだ。ということは、この近代がつくりだした線引き(国民国家＝民族国家)の「正当性」そのものを切り崩していかない限り、在日は「にせものの朝鮮人／韓国人」あるいは「にせものの日本人」であり続けるしかないようだ。

　ではなぜ「言語とアイデンティティ」を考える上で、国民国家の存在が問題になってくるのだろうか。近代の歴史を紐解いてみると、国民国家創設のプロセスにおいて「一国家一言語」を目標として国づくりが行われたことがわかる。でも、この試みが完全に成功したとはいいがたい。現在でも、二百ちかい国家の数に対して、(研究者によって数字がちがってくるが)六千以上もの言語が地球上に存在しているといわれているのだから。いずれにせよ、多くの近代国家は、「単一民族、単一言語、単一文化」を理想として標榜し、実際、それを押し通そうとした。ところが、もともと多様で多言語の人間集団を一つに束ねようとすること自体に無理があるわけで、そうした無謀な試みのほころびが、在日も含めたエスニック・マイノリティの問題として世界中で顕在化しているのが現代ではないだろうか。非西洋圏で、唯一、そしていち早く近代化に成功した日本も、明治政府の掛け声の下、「故郷《おくに》ことば」を「標準語」と呼ばれる「国語」に一本化し、国民には「読み書きソロバン」を、子どもたちには学校で「国語」を習得させることで近代化にまい進した。つまり「国語」を身体化した「ほんとうの日本人」も、ここ百数十年のあいだにつくられた存在にすぎないのだ。こうした近代史を視野に入れることで、「国語」「国家語」「母国語」ということばが生まれてきた背景が見えてくる。

　かくいうわたしも、国民国家の軛から自由であったわけではない。ご多分にもれず、これまで見てきたように「母語」と「母国語」のはざまで悩み続けてきた在日の一人だ。物心ついたときすでに身体化していたことばは日本語なのに、在日のくせに旧宗主国の国語である日本語しか話せない自分に、いつもある種の後ろめたさを感じさせられてきた。また、在日として「ほんとうの自分」を模索するなら、「母国語」である朝鮮語・韓国語を習得すべきだという叱責の声にもさいなまれてきた。韓国系の民族学校の高等部に三年間通ったわたしだが、わたしの韓国語は簡単なあいさつができる以上に上達することはなかった。金時鐘のように「壁を引っかく」ほどの真剣さで朝鮮語・韓国語と対峙してこなかったわたしには、日本語の「あ」と韓国語の「아《ア》」のちがいに悩む李良枝の姿がまぶしく

映る。正直いうと、わたしは高校を卒業するまで「本国」（韓国）から派遣された教師たちが教える国語（韓国語）と国史（韓国史）の授業になじむことができなかった。中学まで通った日本の学校で感じた疎外感を、そうした授業でもわたしは感じ続けていたようだ。日本の学校で「我々《ウリ》」といったときに、自分がその「我々」に入っていないことをいつも意識させられていた。同じような疎外感が、韓国学園の「国語」や「国史」の授業のときもついてまわった。教師たちが、声高に「我々のことば《ウリマル》」そして「我々の国《ウリナラ》」を連呼するとき、その「我々」に自分が入っていないことを感じ取っていた。

母のように生きない／生かされないために

また当時のわたしは、「民族的アイデンティティ」だけに悩んでいたわけではない。在日社会における「女」の位置についても悩んでいた。だれだれの「娘」、だれだれの「妻」、だれだれの「母」としてしか生きる術がないということに憤りを覚えていた。悲しいことだが、わたしの母の生き方／生かされ方は、わたしにとっての人生の手本（ロールモデル）とはなりえなかった。気づくと、母のように生きない／生かされないためにはどうしたらいいのか、そればかりを考えていた。そして自分に一つの約束をした、これからは自分の力で生きていこう、と。そして、経済的な自立をはかるために、「英語」という世界で汎用性の高い言語を学ぶことを決意した。それからのわたしは、もてるわずかな資源（時間とエネルギー）を母国語としての韓国語ではなく英語を勉強するために使うことになった。現在の「韓流ブーム」の到来など想像もできなかった当時（七〇年代前半）は、日本では韓国語は弱小言語としてしか認識されておらず、韓国語の習得は職業選択を民族系の企業・組織に狭めてしまうことを意味していた。民族系の企業・組織がもつ温情的家父長制の体質は、当時のわたしにとって強い忌避感を起こさせるものだった。そこへの接近は、わたしにとっては、生きたくない／行きたくない方向への赤信号以外のなにものでもなかった。今になって思うと、当時のわたしには「民族的アイデンティティ」よりも「ジェンダー・アイデンティティ」の問題のほうが、切迫したものとして突きつけられていたようだ。いずれにせよ、わたしは韓国語ではなく就職に有利な英語の習得を意識的に選択したのだ。つまり、日本での社会的「弱者」である自分に、英語という付加価値をつけて労働市場に送り出そうとしたわけだ。ほとんど情報網《ネットワーク》らしきものをもっていなかった当時のわたしに、それ以外の「自立」への方法は思いつかなかった。

二〇世紀後半の世界の覇権言語である英語をある程度使いこなせるようになったことによって、朝鮮籍・韓国籍にはほとんど門戸の開かれていなかった企業にどうにか職を得ることができた。だが、どこかこころの深いところで、あまりにも実利的な選択をした自分に後ろめたさを感じてもいた。いくら自立のためとはいえ、「母国語」の韓国語ではなく、「外国語」である英語を選択した自分を責める気持ちが沈殿していた。こうして言語とアイデンティティの葛藤をめぐって、わたしは輻輳《ふくそう》する「後ろめたさ」に包囲されることになる。そんな日本での生き／息苦しさから逃れるために、わたしは英語圏の国々への脱出を何度か繰り返した。そして日本を飛び出し、当時、移民の受け入れに比較的寛大な（英語圏の）国々で暮らす中で、多くの「はざま人間」（先住民や強制移住者や移民、そしてその子孫など）にめぐり合い、彼女・彼らの有り様を知ることで、日本社会における在日としての自分の「立ち位置」を相対化することができるようになっていった。当然、「ほんとうの自分」という考え方そのものにも疑問をもつようになる。「ほんとうの自分」探しとは、国民国家という制度・イデオロギーが「はざま人間」に課す「踏み絵」だということにも気づいていった。近代の国民国家体制には、「はざま」で生きようとする人間を、徹頭徹尾、排除しようとするメカニズムが内蔵されている。国民国家の枠内でフツーに生きたいならば、まずはすっきりと明確に国民として自己規定することが求められる。その国民国家の標準語を話し、一つの性別を刻印し、一人の異性との専有的関係を宣言し、一つの国家への忠誠を誓うことなどが要求されてしまうのだ。そこには、はみだし者の「はざま人間」の居場所は用意されていない。

こうした近代の排他的な「国民＝民族」国家主義という前提を無批判に受け入れてしまうと、日本語を母語とする朝鮮籍・韓国籍の在日のような人たちは、国民国家の線引きによって翻弄され、わが身を引き裂かれてしまう。そうして引き裂かれた自我をかかえた在日は、朝鮮籍・韓国籍以外の在日にもネガティブな影響をあたえていく。在日の舌のもつれも、実はこうした状況から派生した問題なのだ。ということは、この悪しき連鎖を断ち切るためにも、これまで自明視してきた国民国家と言語の関係、「国語」という言語観、そして無頓着に使用してきた「母語」と「母国語」ということばの概念を、もう一度ていねいに検証していく必要がありそうだ。

母語のねじれ

まずは母語ということばを見ていこう。母語を説明するのに、歩行技術獲得の比喩が使われることがある。下肢に障害をもたない人間は、知らないうちに歩行という身体的能力を身につけていく。そして、歩行能力と同じように、わたしたちは気づいてみたら「言語」と称される能力を身につけている。こうして知らず知らずに身につけた言語が「母語」と呼ばれるわけだ。ちなみに辞書で母語という単語を引くと、first language や mother tongue や native tongue などの英単語が出てくる。また電子辞書などに掲載されている母語という用語の意味内容は以下の四点にまとめられる(注18)。

1　個人が最初に習得したことばあるいは言語
2　代替不可能な、思考や人格と結びついた言語
3　近代において民族語が母語としての象徴的役割を担う

4　「母語」と「母国語」は同じではない

こうした説明からもわかるように、母語はさまざまな機能をもっている。前者二点は言語心理学と言語教育の見地から、そして後者二点は思想史や政治に関わるものだと解釈されている。母語は、文字通り「母のことば」を意味しているが、実際には母（あるいは性別に関わりなく子どもの世話をする人）の属する言語共同体の言語のことを指している。地球的規模で人の移動がはじまる近代以前は、人は生まれた土地で死ぬのがごくふつうのことだった。その生まれ育った地域で、家族をつくり、家族や親族を通じて言語や文化の継承をしていた。ところが山本真弓が「在日朝鮮人と言語問題」の中で指摘しているように、「大規模な人口移動の流れを引き起こした近・現代という時代は、フィクションとしての国民国家が、その中央集権的性質を強めつつ、近代化してゆく過程でもあった。そして、そのようにして成立した近代国家は、国家権力という暴力装置を用いて、しばしば、母から子への自然な形でのことばの継承を阻止してきた（注18）」のだ。母から子への言語の継承を阻止する形態として、山本は「国家権力による人口移動（強制移住）」と「言語政策」の二つをあげる。植民地下の朝鮮半島では、こうした二つの形態によって母から子への言語の継承が断たれるという現象があちこちで起きてしまった。在日は、こうした歴史を継承していることを忘れてはならない。山本はさらに続けて「朝鮮語を話す母親をもつ日本生まれの在日朝鮮人にとって、あるいは、幼少年期に日本へ渡ってきた在日朝鮮人一世にとって、母語は必ずしも『母のことば』を意味しない。母の属する言語共同体が異なるからである。このとき母語は、『母のことば』という、その語源的な意味を喪失している（注19）」と述べる。つまり、在日の舌のもつれは、「母語」と「母国語」のあいだにあるだけではなく、「母語」それ自体のねじれとも関連しているのだ。

在日の言語の問題は複雑だと語る山本は、英語の mother tongue が「母国語」と誤って訳されてしまったことが、在日の言語をめぐる議論に混乱を招いてきたと指摘する。英語の mother tongue とは「母のことば」を意味し、言語と話者の関係を説明するもので、そこに国家の介入する余地はないという。一方で、英語では国家と言語との関係を表す概念として、official language（公用語）や national language（国語）や state language（国家語）という用語が使われているのに、日本語の「母国語」は、この二つの概念を混同したきわめて不正確なことばになってしまっているそうだ。そして、日本ではこうした概念的に不正確な用語が流布してしまっている。ここで山本は興味深いことを指摘している。たとえ誤った概念ではあっても、在日には、この「母国語」ということばが魅力的な響きをもってしまうのだと。「国を離れ、国家との結びつきが希薄になった人間にとって、母国とか祖国とかいうことばの響きは、ある種の魔力をもって、その者の心をとらまえる（注20）」のだと。

それでは、山本が示唆することばの「魔力」とはいったいどんなものなのだろうか。たしかに、「母語」や「母国語」のように「母」という文字をともなうことばについて考えようとすると、そこに「情緒／情動」とでも呼ぶべきイデオロギーが作動してしまうようだ。ただここで肝要なのは、ことばのもつイデオロギー性をウェットな「ことばの魔力」として扱ってしまうことではなく、もっとドライで現実的なアプローチをしてみることではないだろうか。たとえば、「母」という記号には、そこに本質的な何かがあると思わせてしまう磁場のようなものがあるのかもしれない。「母性」ということばを例にするとよくわかるように、この「母」印には本質主義的な発想が組み込まれているようだ。ということは、在日が自分たちが生活している言語共同体の言語である日本語について考えようとしても、既存の「母語」や「母国語」という枠組みの中で考えている限り、そこにある種の本質主義に陥ってしまう危険性がついてまわる。つまり、「母語」と「母国語」のちがいを語っているつもりが、知らない間に近代の「国民国家」形成のイデオロギーによって、結局は一つの「国家言語」（日本の国語）と、もう一つの「国家言語」（韓国の場合には韓国語）の間の「権力関係《ポリティクス》」の話に入れ替わってしまう可能性があるということだ。だからこそ、在日の舌のもつれを解くためにも、一度はそれぞれの言語（日本語と韓国語）を「国家言語」として対象化し直してみる必要があるだろう。そのときに大事なのは、ことばのイデオロギー性を意識するということだ。「母語」ということばの例が示すように、ある特定の概念用語を発した途端に、そこにそのことば特有の歴史的・文化的・社会的背景をもった磁場が生まれてしまう危険性がある。そうした磁場に引き込まれてしまうと、いったい言語において何が現実に起こっているのかが見えなくなってしまうのだ。

日本で生まれ育った多くの在日が日本語を話しているという事実は、個人の選択を超えた近代「国民国家」間の線引き合戦という要因によってもたらされたものだ。在日に「母語」と「母国語」の舌のもつれをもたらした歴史的責任を追及し続けることは必要だが、日本語という「国家言語」と、韓国語あるいは朝鮮語というもう一つの「国家言語」の間を、ただ振り子のように揺れ動く存在として在日をとらえてしまったのでは、自分たちの生き方を自分たちで決めていくという「自己決定」に必要な言語の主体を立ちあげていくことはできないだろう。民族的アイデンティティが所与のものとしてそこにあるのではなく、他者とのかかわりの中で、日々、刷新されていくものだということがわかった今、言語やことばに対しても同じような考え方をしていく必要があるのかもしれない。つまり、「正しい国語」がそこにあるのではなく、ことばというのは多種多様な言語と接触することで、そのせめぎあいの中で、日々、刷新されながら使用されるものだということを。それでは、多くの在日にとっての母語（第一言語）である日本語と在日との関係を、これからどのように考えていけばいいのだろうか。実は今秋（二〇〇六年）、わたしが友人たちとこつこつと翻訳をすすめていた『とびこえよ、その囲いを——自由の実践としてのフェミニズム教育』（ベル・フックス著）という本が上梓されることになっている。著者であるベル・

フックスは、日本ではほとんど知られていないが、英語圏では「文化批評家」そして「教育者」として高い評価を得ているアフリカ系アメリカ人女性だ。わたしが翻訳作業に参加したいと思ったのは、第一一章「言語――新しい世界と、そして新しいことばを」に強い示唆を受け、どうしても自分の手でこの章を訳したかったからだ。はじめて「言語」の章を読んだときの、わたしの中から何かが、ふわ〜っと、抜けていくような感覚を今も忘れてはいない。とりわけ、彼女のアメリカにおける「標準英語」と「ブラック・バナキュラー」（黒人独自の生活言語）をめぐる批評《クリティーク》は、わたしをことばの呪縛から解き放つ一つの道筋を示してくれた。

抑圧者の言語

フックスは「言語」の中で、「これは抑圧者の言語、でも、それが要るのだ、あなたと話すためには」というアドリエンヌ・リッチ（詩人そしてラディカル・フェミニスト）の詩の一節を繰り返し引用し、アフリカの大地から根こそぎにされ「新世界」アメリカに拉致されたアフリカ人とことばとの関わりをさまざまな角度から考察している。標準英語とブラック・バナキュラーとの抜き差しならぬ関係を、黒人女性の立ち位置から舌鋒鋭く分析していく彼女の筆力に、わたしはただただ魅了された。もちろん、歴史的・社会的・文化的背景を異にする黒人と在日の経験を、同じ土俵で語ることの危険性に気づいていないわけではない。とりわけ、超大国アメリカで生まれ育った彼女には、近代の国民国家イデオロギー（国家語と国家の関係、国家言語という言語権力）への視座がほとんどないことをこころに留めておく必要があるだろう。それでも、フックスの批判の対象範囲に関わりなく、ディアスポラという概念で在日とアフリカ系アメリカ人の有り様を眺めたとき、そこには近代化が産み落としたエスニック・マイノリティという近代の鬼子の姿が映し出されてくるはずだ。

フックスは、最初にリッチの「これは抑圧者の言語、でも、それが要るのだ、あなたと話すためには」を目にしたとき、「抑圧者の言語」という観念に抵抗を覚えたという。語ることを学びはじめ、自らを主体化する場として言語を追求しはじめたばかりの彼女の意気を挫く論理のように思えたというのだ。彼女のたじろぐさまが、わたしには手にとるように理解できる。ものを考えるということの意味を理解しはじめたとき、その思考をつかさどる言語が抑圧者の所有することばだとしたら、そこに抵抗感が生まれて当然だろう。わたしもフックスと同じように、抑圧者の言語（＝旧宗主国の国語）である日本語を使うことに思い悩んできた。黒人であるフックスにとっての「抑圧者の言語」とは、アメリカ合州国の白人の標準英語のことだ。彼女は語る、「標準英語は、故郷を追われた者たちの口から出たことばではない。それは征服と支配の言語なのだ」と。だが思考を重ねる中で、フックスは、「わたしを傷つけているのは、英語という言語そのものではなくて、抑圧者がその言語を用いておこなっていること、英語を格付けと締め出しの境域にしていくその手口、誇りを奪い、貶め、植民地化する凶器として、それが使われているという事実なのだ（注21）」ということを理解していく。

多言語のアフリカ大陸からアメリカ大陸にモノのように運ばれ、「新世界」で奴隷にされたアフリカ黒人たちにとって、黒い肌だけが絆を示す徴《しるし》だった。その絆を結ぶために、共通のことばを必要としたのだ。たとえそれが抑圧者の言語であっても。フックスは語る。「アフリカ人たちは、はじめは英語を『抑圧者の言語』として聞き、ついでそれを抵抗の砦たりうるものとして聞き直したのだ（注22）」と。おたがいの意思の疎通をはかるために、黒人たちは抑圧者の言語を必要としたのだ。フックスは語り続ける。黒人たちは、英語を改作し、征服と支配の領域を超えて自分たちを語りうるような別のものに変形していった、と。つまり、奴隷とされた黒人たちは、英語の割れた断片を拾いあげて、そこから一つの対抗言語を創り出してしまった。こうして抑圧者の言語を創り変え、抵抗の文化を形成することで、黒人たちは、標準英語の境域内では、通常、許されないこともいい合える内密な通話の世界を創り出した。そしてフックスは、こうしたブラック・バナキュラーの革命的な力が、今日のアメリカの黒人文化においても生き続けていると主張する。

黒い肌を絆に共通のことばを模索し続けた黒人奴隷の状況と、植民地統治によって共通言語を奪われた朝鮮・韓国人の状況はまったくちがう。それでも日本語を第一言語として生きている在日のわたしは、フックスの差し出す「対抗言語」という考え方に強く惹かれる。でも考えてみると、金時鐘が提唱してやまない「在日朝鮮人語としての日本語」にも、こうした「対抗言語」の精神が宿っているのかもしれない。ただ、金時鐘の日本語の表現活動が、「破れ目の多い、ブロークンな、規則破りのブラック・バナキュラーを創出する（注23）」という黒人たちの精神（非・標準英語の世界の創出）を共有しているかどうかは疑わしい。

ここでわたしは、もう一人の「はざま人間」多和田葉子が『エクソフォニー　母語の外へ出る旅』の中で、オーストリアの詩人エルンスト・ヤンデルの放送劇「ヒューマニスト」にふれながら語ったことばを思い出す（注24）。

ことばは壊れていくことでしか新しい命を得ることができないということ、そしてその壊れ方を歴史の偶然にまかせておいてはいけないのだということ、芸術は芸術的に壊すのだということをこの放送劇は教えてくれる。ことば遊びは閑人の時間潰しだと思っている人がいるようだが、ことば遊びこそ、追いつめられた者、迫害された者が積極的に掴む表現の可能性なのだ。

こうした抵抗の言語表現の可能性をさぐるために、再度フックスのことばに耳を傾けたい（注25）。

正しからざる語法、正しからからざる語の配列の中にこそ、抵抗の場としての言語を求める反逆の精神が宿っていたからである。標準的な用法と意味を破損するような仕方で英語が使われているから、白人はしばしば黒人の発話を理解できなくなるのだが、黒人たちはそうすることで英語を抑圧者の言語を超えたものに変えてしまったのだ。

なんと魅惑的な挑発だろうか。金時鐘は「日本語を、日本人に向ける最大の武器として」駆使したいと語る。だが、日本語を駆使するとは、正しいとされる日本語をそのまま使うということだけを意味してはいない。多様性と多文化主義を認めるということは、多様な声が、標準語とはちがうことばで、ブロークンなバナキュラーで話すことのできる言語空間をあらたに創り出すという実践が伴っていなくてはならないだろう。そのためには、あらかじめ正しい標準語というものを措定してしまってはいけない。標準英語を「正しい」としてしまった途端、非・標準英語であるバナキュラーは「正しくない」ものとされてしまうからだ。このような二分法自体を解体していくことが抵抗の実践なのだ。

新しい日本語の創出

平田由美は「非・決定のアイデンティティ」という論文の中で、鷺沢萠の『ケナリも花、サクラも花』をテキストに、鷺沢の民族的アイデンティティの混乱と宙づりの状態を分析している。その中で「ごちゃまぜ言語の可能性」について言及している。鷺沢は、韓国で出会った在日コリアンそして在米コリアンとの交流の場において、ことばが「全体的にごちゃまぜ」になっていることに興味をもつ。そうした鷺沢のことばへの関心を追いながら、平田は「あらゆる言語がその確固とした輪郭を失って、『ごちゃまぜ』言語に変化しているのは、それを話す人びとの雑多で混淆したアイデンティティを反映しているからである(注26)」と論じる。強い言語が弱い言語を駆逐してきた歴史を考えると、言語が混淆し雑種化することを手放しで賞賛できないとしながらも、平田は、ごちゃまぜ言語の可能性と必要性にこだわる。

でも考えてみると、多くの在日にとって「ごちゃまぜ言語」あるいは「ちゃんぽん言語」という現象は日常のひとこまにすぎない。何年か前、在日女性四人でソウルに遊びに行ったことがある。夜を徹して語り合ったときの、わたしたちの使用言語は完全に「ちゃんぽん」だった。わたしともう一人は東京出身で韓国学園の同級生、だが韓国語にはうとい。あとの二人は関西出身で流暢な韓国語を話す。四人のうちの二人はアメリカの大学を卒業しており、英語を第二言語として学んだ経験をもつ。勢い、四人の語らいの場は、三つの言語と大阪弁と東京弁が飛び交う奇妙きてれつな言語状況になった。おもしろかったのは、一人の友人の使う韓国語も英語も、とびっきりの大阪訛りの語り口だったことだ。その語りは「○○語」という範疇を超えて、その友人独自の「○子語」としかいいようのないものになっていた。そして四人とも、だれが「○○語」を、あるいは「○○弁」をしゃべっているかをほとんど意識していなかった。それぞれの口から、そのときどきの話題に一番相応しいことばが水が流れるように自然にその場に差し出され、わたしたちにはそのすべてが理解できたのだった。人の話を「理解する」とは、一つひとつのことばの辞書的な意味を理解するということではないはずだ。理解し合うとは、そこにある状況をどのように共有し、そこにいる人間をどのように受け入れるのかということではないだろうか。

平田が論文の中で展開している論点は、わたしの意味するところと重なる部分がある。平田は、不純で不完全なごちゃまぜ言語の実践の中に、さまざまな差異を序列化する権力関係の連鎖を断ち切る可能性を見ている。そして、「この世界にあって、コミュニケーションの中に持ち込まれる権力関係に抗するために必要なのは《完璧な言語》の所有者としてふるまったり、あるいは《完璧な言語》の話者でない相手が話すことばをコミュニケーションのノイズとして排除するのではなく、なんとかしてそのことばを聞き取ろうとする努力によって言語の許容度と強度を高めることでなければならない（注27）」と語る。たとえば『在日コリアン詩選集』に収められた一九六八年生まれの丁章《チョンジャン》の「在日サラムマル」という作品には、「不純」とされた在日のごちゃまぜ言語を、自らの意思で定義し直そうという抵抗の精神が読みとれる。日本語と韓国語という二つの国家語に「ぐしゃり」とつぶされないための覚悟が、この詩には込められている。

在日サラムのことば　それは／けっして帰りようのない日本語と／どこまでも到達しえない　ウリマルで／つむぎだされる／新しいことば

日本語でも日本語でなく／日本語からはみだしていて／日本語で捉えようとも／捉えきれない／サラムの日本語

ウリマルでもウリマルでない／サラムのウリマルは／ウリマルを高く見上げ／はるか遠くに望んでいるぶん／低くとも近い／足元の根強いところから／芽生え育ちゆく／新しい変異種／たとえ醜くとも拙くとも／根強いウリマル

日本語の／鬼子／のウリマル

それこそ／サラムマルだ／黙ってはいけない／黙っているうちにも／この日本語の列島や／あのウリマルの半島やらから／得体の知れぬ強大な力どもの手／サラムにすばやく伸びてきて／ぐしゃり／握りつぶされるか／彼らのふところまで／まんまと／引

きずり込まれてしまう

サラムらしく生きるため／対峙し抗うことができる／サラムマルこそ／力だ／つむぎだせ

わたしたちは、李良枝が自らのアイデンティティの枠組みに疑いの目をむけたのと同じように、現代を生きる（在日を含む）すべての人を覆いつくす近代「国民国家」の枠組みそのものを疑ってかからなければいけないのだ。ハイゼの指摘のように、わたしたちは自分のことばの中にとらわれすぎている、とりわけ、わたしたちを分断する国家語＝民族語の中にとらわれすぎている。この近代の枠組みをずらしていくための手段として、「対抗言語」や「ごちゃまぜ言語」がそれなりの意味をもつことはたしかだ。ただわたしには、こうした複数の国家言語をまぜて使うことや、いくつもの国家言語が使えるようになることだけではまだ何かが足りないような気がする。というのは、対抗言語やごちゃまぜ言語の実践だけでは、まだ国家語そのものを実体化したままだからだ。さしあたってわたし自身は、国家語に限定しない複数の言語のせめぎあう「現場」で、どのようにして「正しい言語」という考え方を無化していけるかを考え続けていきたいと思う。

『在日コリアン詩選集』の編者の一人である佐川亜紀は「詩論・解説」の中で、在日の詩作がこれまでのリアリズム的手法から、新しい世代のポストモダニズム的手法へと多様化していると論じている。そして、「在日コリアンの詩の特色」を次のように簡潔にまとめている

●日本語を異化する。「正しい日本語」ではなく「新しく独自な日本語」の創造、詩の場合は特にその期待が高いように思う。
●日本現代詩が見なかった社会・感じなかった感覚・辿り着けなかった思想の表出。
●在日コリアンの生を知らせる。歴史の証言でもある。日本語創作の動機として、日本人及び日本語しか解さない在日に伝えたいという思いは大きな比率を占めている。
●日本社会・歴史・文化への根本的批判性をもつ。
●日本近・現代詩、韓国・朝鮮近・現代詩と相関関係を持ちながら、異なる独自の存在である。
●日本語・日本文学を相対化することにより国際的視点を入れる。

佐川のまとめは、わたしが紹介したベル・フックスのブラック・バナキュラーに関する主張と重なる部分がかなりある。だが、決して見逃してはならないのは「当事者」性の問題だ。フックスは自分が生まれ育った南部のバナキュラーに依拠して、黒人たちの抵抗の

文化としての多種多様なブラック・バナキュラーについて語っているのだ。一方、「試論・解説」に簡潔にまとめられた「在日コリアンの詩の特色」は、たとえ日本語を相対化しようという真摯な姿勢がそこにあったとしても、やはり当事者のバナキュラーな声ではない。「新しい独自の日本語」の創出は、二つの国家語の間を振り子のように揺れ動かざるをえない在日の主体の回復のためにこそ活かされなくてはならない。在日による「新しく独自な日本語」は、日本語を豊かにするためでも、より国際化するためでもなく、まずは在日が十全に生きていくためのものでなくては意味がないだろう。

わたしはこの論考の中で、在日を呪縛する二つの国家語について論じてきた。だがわたしの視座は、すでに第一言語そのものの相対化に向いていく。「母国語」と「外国語」、「母語」と「母国語」、あるいは「第一言語」と「第二言語」といった対比をしてしまうと、後者が「不自由」な分、ごく素朴に前者は「自由」だと錯覚してしまう危険がついてまわる。実は、わたしたちがこころしなくてはいけないのは、自由な言語などないということのようだ。言語はどこまでいっても、わたしたちにとって未知の「他者」であり続ける。こうしてやっと国家語の呪縛から解き放たれつつあるわたしは、次は母語あるいは第一言語の外への旅を目指してわたしの舟をこぎ出そうと思う。

【注】

（1）片岡義男『日本語の外へ』角川文庫、二〇〇三、三三七頁

（2）田中克彦『国家語をこえて』ちくま学芸文庫、一九九三、一一五頁

（3）李恩子・朴和美「在日の〈ことば〉をめぐって」、『戦争と性』（22号）、二〇〇四、一三三頁

（4）一般的に移民は三世代で出身国の言語能力を失い、受け入れ国の言語を習得していくといわれている。広義での強制移住者（ディアスポラ）である在日も、一世以外で韓国語・朝鮮語の読み書きができるのは、民族学校（とくに総連系）に通ったか、あるいは韓国に留学したことのある人たちに限られ、二世以降の大半の在日は韓国語・朝鮮語を解せずに日本語を母語として生活している。

（5）金石範・金時鐘『なぜ書きつづけてきたか・なぜ沈黙してきたか』平凡社、二〇〇一、一四九頁

（6）金石範・金時鐘、前掲書、二一一頁

（7）金時鐘『「在日」のはざまで』立風書房、一九八六、二二一頁

（8）森田進・佐川亜紀編『在日コリアン詩選集』土曜美術社出版販売、二〇〇五、四五九頁

（9）金石範・金時鐘、前掲書、一五二頁

（10）韓国文化における親しい間柄では、年下の女性が年上の女性を親しみをこめて「オンニ」と呼ぶ習慣がある。

（11）李良枝『李良枝全集』講談社、一九九三、六四七頁

(12) 李良枝、前掲書、六六三頁
(13) 李良枝、前掲書、六三五頁
(14) 鷺沢萠『ケナリも花、サクラも花』新潮文庫、一九九七、八七頁
(15) 平田由美「非・決定のアイデンティティ」、『脱アイデンティティ』上野千鶴子編、勁草書房、二〇〇五、一七四頁
(16) 鷺沢萠、前掲書、一五五頁
(17) 朴和美・李恩子、前掲書、一四二頁
(18) 山本真弓「在日朝鮮人と言語問題」『季刊・三千里』四四号、一九八五、一五六頁
(19) 山本真弓、前掲書、一五七頁
(20) 山本真弓、前掲書、一五四〜一五五頁
(21) ベル・フックス『とびこえよ、その囲いを――自由の実践としてのフェミニズム教育』里見実ほか訳、新水社、二〇〇六、一九六頁
(22) ベル・フックス、前掲書、一九八頁
(23) ベル・フックス、前掲書、二〇四頁
(24) 多和田葉子『エクソフォニー　母語の外へ出る旅』岩波書店、二〇〇三、七〇頁
(25) ベル・フックス、前掲書、一九九頁
(26) 平田由美、前掲書、一九二頁
(27) 平田由美、前掲書、一九三頁

〈「「国家語」の呪縛を超えて」『地に舟をこげ』創刊号、在日女性文芸協会、二〇〇六〉

＊二〇一九年六月現在の外国人登録者は二八二万九四一六人を数え、初めて日本人総人口の二パーセントを超えた。国籍・地域別では、「韓国・朝鮮」籍が二〇〇七年にトップの座を中国籍に譲り渡し、それ以降は中国籍がトップであり続けている。

第三章　旅のつれづれに

アラート・ベイへの旅――カナダ先住民女性と在日女性

ここ数年来のわたしの夏休みは、友人のいるカナダのバンクーバーと、姉家族が暮らすアメリカのサンフランシスコを訪れるのが定番になっている。だが昨年（二〇〇六年）は、風爽やかな八月ではなく、底冷えのする一一月末に、バンクーバーに向けて飛び立った。この旅の最大の目的は、カナダ先住民の「ポットラッチ」という儀式に参加することだった。在日と同じように、「エスニック・マイノリティ」（少数民族）（注1）として「周辺化」（注2）の問題と格闘しながら生きているであろうカナダ先住民の人たちに、わたしは在日の生きざまを重ね合わせながら、関心をもち続けてきた。そして、今回の初冬の旅は、在日として日本社会で生きるわたし自身の現在の「位置」について、これまでとは少しちがった視点で考える機会をあたえてくれた。そこでこのエッセーでは、バンクーバー島の北部にある先住民「保留地」のアラート・ベイへの旅を通じて、わたしがどんなことを考えたかを書き綴ってみたい。

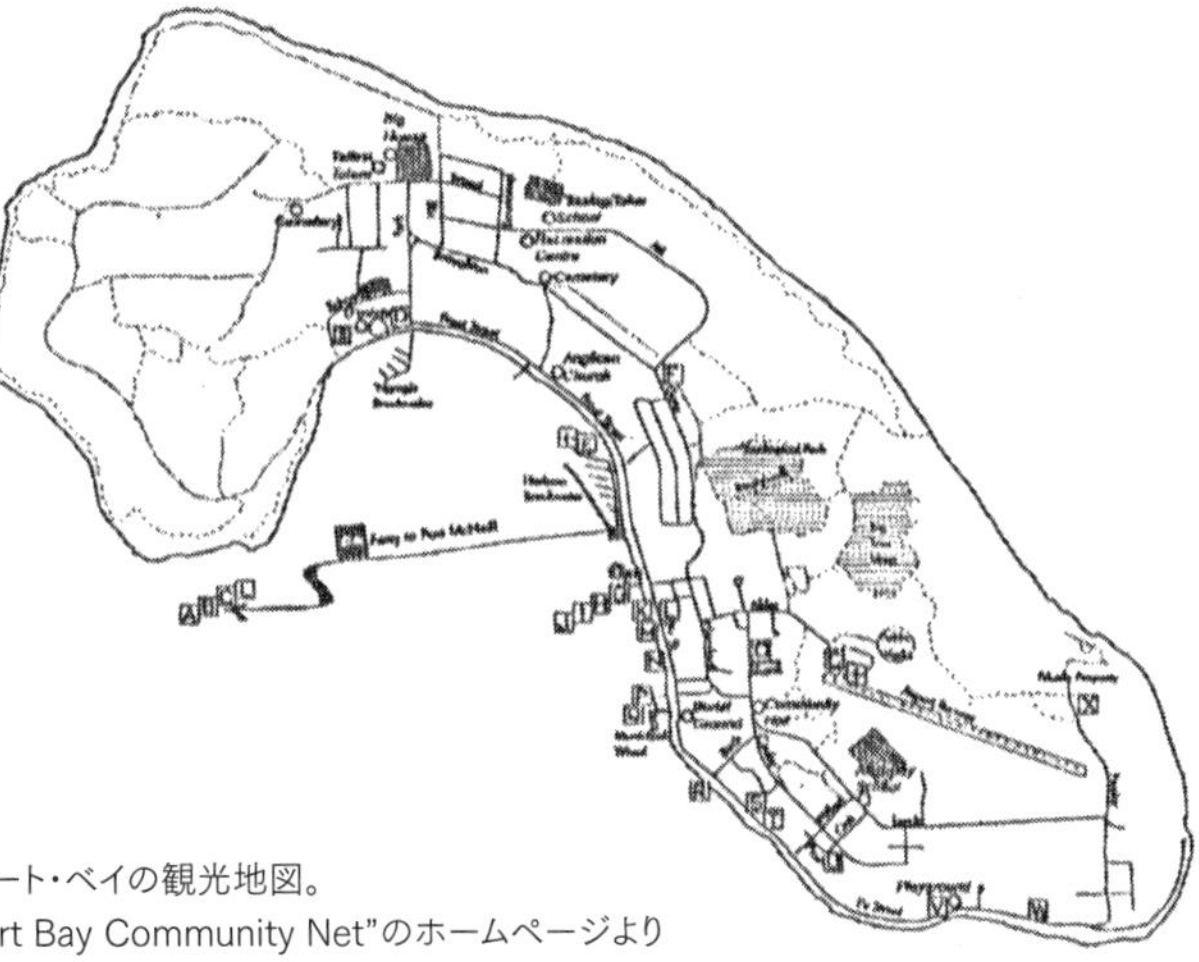

アラート・ベイの観光地図。
“Alert Bay Community Net”のホームページより

世界中の人びとが住みたい都市

これまでに、わたしは六回ほどバンクーバーを訪れている。最初の訪問は、日本でＤＶ被害女性などの支援活動に携わる女性たちのためのカナダ研修旅行の通訳としての滞在だった。これまで同じ主催者による三回の研修に同行した。そうした研修を通じて、気楽な旅行客だったらけして見聞できない多くのことを学ぶことができた。世界中の人たちが最も住みたい都市の筆頭にあげるバンクーバーの緯度は、北海道よりもかなり北極に近いが、太平洋沿いのアラスカ海流の影響で、それほど雪もふらず、冬の寒さもさほど厳しくはない。海と山と河と湖と森といった豊かな自然に恵まれ、気候も穏やかなのだから、多くの人たちが住みたがるのもうなずける。わたし自身も、訪れるたびにこのカナダ第三の都市への思いを募らせ、ここだったら移住するのも悪くないなあ～、などと夢物語を思い描き、一人悦に入っていたものだ。

多くの人たちが憧れるバンクーバーは、障がい者にとってもやさしい街のようだ。何度目かの滞在のとき、車いすの女性がたった一人でバスに乗ってきたのには、ほんとうにびっくりした。というのは、日本では事情がだいぶちがっているからだ。たとえば、わたしが利用している通勤電車では、車いすの乗客の乗り降りをいちいち大げさに放送する。まず「みなさまにはご迷惑をおかけしますが」という前口上があり、電車に乗るという日常の一こまを一大パフォーマンスに仕立て上げ、乗客の視線をむりやり車いすの人に集中させる。これでは車いすで外出すること自体が、他の人への迷惑行為なのだと暗黙の内に思わせてしまう。実はその状況において迷惑なのは、車いすの乗客の存在ではなく、耳をつんざく放送のほうなのだ。社会インフラを障がい者が利用しやすいように整備することが、すべての利用者に迷惑をかけない一番の解決策だという発想に、なぜならないのだろうか。障がいの有無にかかわらず、すべての人が周りに「ご迷惑」をかけることなく、さりげなく自分の力で生活できるというのがやさしい社会のあり方のはずだ。

やさしい社会を目指しているバンクーバーは、また「同性愛」カップルにとっても比較的住みやすい街のようだ。この街では、同性愛カップルも、異性愛カップルと同じような社会保障制度の恩恵が受けられるという。たとえば税金の配偶者控除は、異性愛カップルだけでなく、同性愛カップルもその対象になっている。友人の話によると、近年、財政の悪化にともなって（あるいは悪化を口実に）、さまざまな種類のマイノリティを対象としたこれまでの社会サービスの規模が縮小されたり、全面的に廃止されたりしているそうだ。とはいえ、多文化主義社会を標榜するカナダは、「単一文化、単一言語、単一民族」神話の軛《くびき》からいまだ自由になれない日本と比較すると、マイノリティにとっては暮らしやすい社会といえそうだ。バンクーバーの例が示すように、たとえ困難ではあっても、社会インフラをそこに生きている人たちのニーズに合わせて変えていくことは可能だということを、心に留めておきたい。このように、さまざまな「差異」をもった人たちの存在を前提に社会インフラを整備し、五八万（二〇一八年現在で二五〇万）近くの人たちが住みながらも人口密度がそれほど高くなく、風光明媚で気候の穏やかなバンクーバーは、理想郷《ユートピア》とはいえないにしても、世界の他の大都市と比べると、ユートピアのためのいくつかの要件は満たしているように見える。でも当然ながら、そこにはそうしたユートピア的な光の部分だけではなく、カナダという国の建国の歴史から今日に続く「影」の部分もありそうだ。たとえば、一九八〇年代から自らをThe First Nations（最初の国民）（注3）と名乗るカナダ「先住民」（注4）に関わる問題にも、そうした陰影が見え隠れする。カナダ大使館のウェブサイトによると、ファースト・ネーションズとして登録されている人たちはカナダ全体で約五四万人を数え、全国民の一・八パーセントにあたるそうだ。（ここからは字数の関係で、ファースト・ネーションズを先住民と記すことにする）

先にふれた研修旅行を通じて、わたしは二人の先住民長老女性と親しくなる機会をもつことができた。リタおばさんとアンジーおばさんだ。初対面のときから、わたしはこの二人に名状しがたい親しみを覚えてしまった。わたしには二人の存在が、どうしても在日一世のハルモニ（おばあさん）たちのありようと重なってしまうのだ。もちろん、カナダ先住民と在日の歴史は同じではないし、現在生きているそれぞれの社会（カナダと日本）のマイノリティの扱い方にも大きなちがいがある。それでもわたしは、先住民長老女性たちと在日一世の女性たちの生きざまに多くの共通点があるはずだと想像してしまう。たとえば、彼女たちの口から漏れ聞く家族の悩み、彼女たちの生活への不安、そして深いため息が、わたしにデジャヴュを引き起こさずにはおかない。だからこそ、先住民女性たちが、どのように二〇世紀における過去の試練を克服しながら、今日まで生命をつないできたのかに興味をもってしまうのだ。

儀式への招待

リタおばさんとアンジーおばさんの祖先は、何万年も前にシベリアからベーリング海をわたって、現在の北米（カナダ）に定住するようになったといわれている。先住民の顔立ちは、実にさまざまだ。幾世代にもわたる多人種との混血を経て、先住民の外見はより多様になっている。ちなみにリタおばさんはメキシコ人に見えないこともない。そして、アンジーおばさんは、「中国人です」と紹介したらそのまま通用してしまうようなモンゴロイド系の特徴を表わしている。先住民たちは、自分たちが生きている土地や生き物（動物と植物を含めて）と共存し、そうした自然の一つひとつに独自の霊的（スピリチュアル）な意味をこめてきた。それぞれの部族（親族）が、自分たちを象徴する独自の動物（トーテム）をもっている。たとえば、リタおばさんはオオカミ族、そしてアンジーおばさんはカエル族の出身だ。また文字をもたない先住民は、部族によっては、自分たち一族の起源を神話として今に語り継いでいる。

　リタおばさんも、そうした語り部《ストリーテラー》の一人だ。ブリティッシュ・コロンビア大学の「人類学博物館」には、彼女の属するオオカミ族の家系にまつわる品々（儀式のための仮面や生活用具や衣装など）が展示されている。博物館でリタおばさんは、日本から訪れたわたしたちに、彼女の祖先たち

リタおばさんと

とオオカミにまつわる物語を聞かせてくれた。口承によると、大洪水から彼女の祖先たちを救ってくれたのがオオカミだったそうだ。それ以来、オオカミは、リタおばさんの部族にとって守り神（ガーディアン・スピリット）として特別な意味をもつようになったそうだ。そのときの「語り」の通訳を仰せつかり、リタおばさんとコンビを組んで以来、わたしはすっかり彼女のファンになってしまった。えもいわれぬ語り口と人を包み込むようなたたずまいが、わたしを惹きつけてやまなかった。一度、博物館のカフェでおもしろいことがあった。カフェのカウンターにあったペットボトルを、リタおばさんはお金も払わずに、一本「失敬」したのだ。わたしは驚いてしまって、あわてて財布から小銭を取り出し支払いをしようとした。それを遮って、リタおばさんは「わたしたちには、ここのものはすべてタダなの」と宣《のたも》うたのだ。リタおばさんには、そこのすべてがフリーパスだったのだ。彼女の祖先の品々を陳列している博物館は、まさにリタおばさんにとっては「自分のお家」同然なのかもしれない。こんなエピソードを積み重ねながら親しく交わる中で、リタおばさんは、わたしに「ムンギー」（「たぐい稀な人」の意）という名前を授けてくれた。訪ねる度に、「わたしの養子になるかい」と、片目をつぶりながらの魅惑的なお誘いも受けている。そのリタおばさんの親族がポットラッチを行うことになり、友人ともどもわたしも儀式に招待されたのだから、なにを差し置いても参加しなくてはならなかった。

とはいえ、今回は最初から最後まで「他人任せ」の旅だった。バンクーバーで生まれ育った友人があれこれ必要な準備をしてくれ、わたしはそこに体よく便乗させてもらったようなものだった。メールのやりとりで、目的地がバンクーバー島の北に位置するアラート・ベイだということはわかっていた。だが、英語でベイは湾を意味するはずなのに、友人は目的地をアイランド（島）と呼び続けていた。その目的地にどうやって行くのかも、日本出発前の時点ではよくわかっていなかった。冬は、先住民にとって聖なる季節だという。なるほど今回のポットラッチの日程が、一一月最後の週末なのもうなずける。だが、積雪量によっては飛行機を利用する可能性もあった。いずれにせよ、こんな風にして、雪任せ、あなた任せの旅ははじまった。幸いなことに、一ヶ月近く降り続いたという冷たい雨も、わたしがバンクーバーに着いた頃には止み、わたしたちは飛行機ではなく車でアラート・ベイに向けて出発することができた。日本からは、もう一人、旅の道連れがいた。彼女は、わたしのように「行き当たりばったり」の旅人ではないようで、事前にさまざまな資料をあたっていたようだ。彼女が、偶然見つけたという池澤夏樹の本『パレオマニア――大英博物館からの13の旅』（注5）には、アラート・ベイのことがちゃんと書いてあった。その本によると、アラート・ベイは、長さ五キロほどの細い弓形のコーモラント島と呼ばれる島にあり、島全体が湾を囲んだようになっているという。囲い込まれたような形の湾内は悪天候のときにすばらしい避難港の役割をしたようで、コムラート（鵜）という鳥の名前よりもアラート（警戒する）という湾の名前のほうが有名になってしまったそうだ。

このことからもわかるように、わたしは一切の予備知識も情報ももたずにアラート・ベイに向かったのだ。リタおばさんの一族が一堂に会し、先祖代々、執り行われてきた儀式を何年ぶりかで催すという。その儀式の「立会人」(witness)として招待されたのだから、なにはともあれ、その場にこの身をおきたかった。そこに、わたしの求めているものがあるはずだという、まったく根拠のない自信だけを頼りに旅立ったのだ。それでは、『パレオマニア』を道案内にアラート・ベイまでの道のりをたどり直してみることにする。池澤は本の中で、「アラート・ベイはカナダ本土とバンクーバー島の間にある小さな島である。紛らわしいのだが、ブリティッシュ・コロンビアの州都であるバンクーバーという都会は本土側にあり、その沖から北のほうへ四百キロにわたって伸びている細長い島がバンクーバー島である。この島と本土の間には無数の島があって、その一つがアラート湾《ベイ》を擁するコーモラント島だが……」と、アラート・ベイの位置関係を説明している。わたしたちも本の登場人物とおなじように、早朝のフェリーに乗ってバンクーバー島のナナイモにわたった。約二時間の船旅だった。フェリーは一〇〇台以上の車両が搭乗可能な大型船で、食堂も完備しており、わたしたちは船内で朝食をとった。乗船客のほとんどは生活の手段としてフェリーを利用しているようで、あちこちで知り合い同士のあいさつの声が飛び交っていた。きっと、かなりの数の乗船客が、ポットラッチの行われるアラート・ベイを目指しているにちがいない。

ここで、『パレオマニア』の主人公が島にある「ウミスタ博物館」（ウミスタとは「よきものの再会」という意味）を訪れたときの、シスター・ヘイズとの会話を引用しながら、ポットラッチという儀式がどんなものであるかを確認しておこう。

「ここのあの仮面のコレクションには心を動かされました。あれは本当に人々の意志が湧き出しているようなすごいものです」

「あれはポットラッチ用のお面です」と、シスター・ヘイズはごくゆっくりした英語で言った。「ポットラッチということばを知っていますか？」

「一応は。ここの先住民の人たちが開いた、ええと、たくさんの贈り物が交換されるパーティーでしたっけ」

「ポットラッチはわたしたちの社会の骨組みでした。わたしたちの種族それぞれの身分、縁戚、出自を確定する儀式がポットラッチでした。わたしたちは、先祖代々の名を受け継ぐ時、あるいはある階級への登録や婚姻や子の命名の時、ポットラッチを開いて、踊りと演説と贈り物の配布によって、それを集まった人々に確認してもらいました。それがここのやりかたで、それによって社会の形は維持されていました」

「日本の伝統的な結婚式に似ていますね。結婚する側がお客を招待して、料理をふるまい、引き出物というプレゼントをする。それによって結婚は社会に認知される」

「そのとおりよ。無駄な贈り物の交換による財産の蕩尽とか、虚栄のための大盤振る舞いなどといわれますが、そうではなかったの。ポットラッチは社会を安定させるためのコストであり、わたしたちにとってはもっとも楽しい催しでした。しかし、一八八五年、白人の政府はそれを禁じました。古くさい不合理な行事だといってポットラッチを禁止し、主催した者を牢屋にほうりこみ、ポットラッチ用の仮面や道具や衣装を没収して博物館などに配りました」(一二〇〜一二一頁)

これでリタおばさんの祖先の品々が、なぜ「人類博物館」に陳列されているのかがわかった。べつに自分たちの意志で差し出したわけではなく、すべては白人植民者たちの手によって没収されてしまった品々だったのだ。『パレオマニア』の主人公をアラート・ベイまで旅立たせたのは、ロンドンの大英博物館で目にした木彫りのサンダーバードだった。実は、それもアラート・ベイから盗まれたものだった。先住民の共同体維持のための文化的装置であるポットラッチも、長い間禁止されていたという。結局、一九五一年までポットラッチは禁止されたが、その間も、たとえばアラート・ベイなどでは密かに行われていたという。そうした歴史をもつ儀式に参加できることに、わたしは改めて身の引き締まる思いがした。さて、『パレオマニア』の主人公はナナイモから北に向けてひたすら車を飛ばし、ポート・マクニールという港に夕方に着き、そこでアラート・ベイにわたるフェリーを待った。一方わたしたちは、バンクーバー島の冬景色を楽しむのも目的の一つだったので、サラトガ・ビーチの民宿（B&B）で一泊した次の朝、ポート・マクニールに向かってドライブを開始し、車窓に映るノースカントリー（北国）の景色を楽しみながらの旅とあいなった。ポート・マクニールからアラート・ベイまでのフェリーは、搭乗も三〇分と短いためか、二〇～三〇台で一杯になってしまうような小型船だった。ポート・マクニールでは、アラート・ベイの民宿で待っているはずのアンジーおばさんが、痺れをきらして、わたしたちを迎えに来ていた。しばし再会を喜び合ってから、わたしたちは乗船した。アンジーおばさんによると、ポットラッチはその日の一一時からはじまり、三日三晩続くという。すでに追悼の歌と踊りがはじまっており、会場はもう立錐の余地もないほどに人であふれかえっているらしい。

アラート・ベイは宿泊できるところが限られており、リタおばさんとアンジーおばさんは、わたしたちのために海の上に立つバンガローの一部屋をやっとのことで確保してくれたそうだ。ふだんは閑散とした漁村に、一〇〇〇人近いポットラッチの参加者が一挙に押し寄せたのだから、宿泊所が足りないのは当然だ。結果として、六人が一部屋で雑魚寝することになったが、屋根のあるところで眠れるだけで感謝しなければならなかった。実際、親類縁者の家にも入りきれずに、テントを張って宿泊した人たちも大勢いたと聞いた。アラート・ベイはあいにくの天気だったが、早速、わたしたちは荷物を部屋におき、儀式が

先住民の集会場「ビッグハウス」の入り口には、先住民にとって象徴的な動物であるワタリガラスが大きく描かれている。この中でポットラッチがとり行われる。

儀式がはじまっていない早朝に撮影した「ビッグハウス」の中のようす。正面左右にはサンダーバードのトーテムポールが、そこに集まった人たちを見守る（見下ろす）ような形でそびえ立っている。

とり行われている「ビッグハウス」（先住民の集会場）と呼ばれるクワキウトゥル族の伝統的な建物を目指した。もともとの建物は数年前に火災にあい、現在の建物はその後、建て直されたものだという。入り口には、地上のすべての動物を率いると信じられているワタリガラスが大きく描かれている。ワタリガラスは、天界のすべての鳥の王であるサンダーバードとは未来永劫に闘い続ける間柄だそうだ。

　わたしたちは、はやる気持ちを抑えながら、おそるおそる扉を開け、建物の中に足を踏み入れた。建物の中は、人いきれと焚火の煙で一種独特の雰囲気を醸し出していた。そこは円形劇場（サーカス）のようなつくりになっていた。真中には砂のような土が敷きつめられており、その中心では火が焚かれ、儀式の間中ずうっと薪がくべられ炎を絶やさないようにしてある。建物の天辺は、煙突の役目を果たすように外に向かって開け放たれているものの、ハイテクとは無縁らしき会場の換気状態は最悪で、充満した煙が目を強く刺激

アンジーおばさん

する。同時に、五感を刺激したのは「音」だった。単調な打楽器のリズムが耳にここちよい。上座らしき位置に祭壇のような、舞台のようなものが設えられており、その左右に木彫りのサンダーバードが、会場の守護神のような形で聳え立っている。その一画では、何人かの男たちが打楽器でリズムを刻み続けている。客席はすべて人で埋めつくされ、通路も人であふれ、洗面所への行き来もままならない。いったいどのくらいの人が集まっているのだろうか。七〇〇？　八〇〇？　その大勢の参加者たちの視線は、中央で進行中の儀式に注がれている。それぞれの家族のシンボルを縫いこんだ色とりどりのブランケット(伝統的な正装)を身にまとった女たちが、打楽器のリズムにからだの動きを乗せながら、時計と反対周りに歩を進めている。これが女たちのダンスの基本のようだ。左右の手を腰の横にやさしくそえながらリズムをとったり、両手を大きく交互に回したり、からだを一回転させたりして、自分らしさを表現している。基本は手を腰の横にそえ、からだを左右に振る動作は「無償で与える」ことを意味しているのだと後で教わった。打楽器(太鼓)の振動は会場全体に伝わり、あちらでも、こちらでも、席を立ち一緒にリズムをとりはじめる人たちがいる(注6)。

司会役の男性は、クワキウトゥル族のことばと英語のバイ・リンガルで儀式を進行していく。はじめて耳にするクワキウトゥル族のことばの響きにしばし聞きほれる。いまではほとんど話せる人のいない自分たちのことばの再生にかける彼らの熱い思いが伝わってくる。その一方で、この伝統的な儀式は、固定化された性別役割が全面展開する場でもあるようだ。司会はマイクをつかって、「特等席には男性長老が座ってください」（注7）と、くり返し指示をあたえる。そして、長老の妻たちは必ずそれぞれの夫の後ろの席に座ってくださいと呼びかけた。踊りも女性たちは「奉仕」や「受容」を表現するのにたいして、男性たちの踊りは、「ハマッツア」と呼ばれる森のあばれ者の「変容」を表現しているという。いずれにせよ、女性たちのやさしく周りを包み込むような身体表現にたいして、男性たちのそれは、実際、雄たけびをあげながら踊るので、野性的で攻撃的な踊りになっている。子どもたちの踊りも、このパターンを継承している。女の子は、どこまでも愛らしくしとやかに、男の子は、あくまでも勇敢に猛々しく。

先住民女性と在日女性

わたしは、先住民の儀式の只中で、先住民と在日の歴史に思いを馳せ、先住民女性と在日女性の経験を重ね合わせながら、アンビバレントな（相反する）感情に飲み込まれてしまう自分をどうすることもできなかった。遠来の客のわたしを、しっかりと受け入れてくれている先住民の儀式の場を、わたしはとても居心地よく感じていた。その一方で、「ジェンダー」という考え方を学んできたわたしには、目の前で展開される紋切り型の男女のイメージは、すこぶる居心地のわるいものだった。

だとしたら、ここでわたしがすべきことは、ジェンダー概念なるものから、このわたしがいったい何を学び、固定化した性別役割のどこに居心地のわるさを感じたのかを、自らに問うことだろう。特定の差異（この場合には、「男」と「女」というちがい）を根拠に、社会編成における男女への異なった（不平等な）扱いが正当化されてしまうことへの異議申し立てが、近代批判としてのジェンダー概念の根底にあるとわたしは考えている。また、近代民主主義の端緒を開いたフランス革命の「人権宣言」そのものに、性別による不平等が貫かれており、そうした不平等が自然視・自明視されてきたことへのクリティカルな視座が、ジェンダー的な視点だと理解している。つまるところ、わたしは、ジェンダー概念の要諦は、近代という時代がそのはじまりから孕んでいた不平等を剔抉《てっけつ》する視角だと考えているのだ。ジェンダーの視点なくしては、近代を串刺しするその他の不平等（人種差別や階級差別など）への異議申し立ての基盤そのものが、掘り崩されることになりかねないと危惧する。だからこそ、わたしはポットラッチの中で感じたアンビバレンス（居心地のわるさ）を凝視し続けようと思っている。

当然ながら、近代という時代が生み出した植民地主義や帝国主義にもジェンダーをめぐる問題がくまなく織り込まれており、マイノリティ女性には、とりわけそうした問題の影響が強くおよぶのだということを理解しておく必要がありそうだ。近代の負の遺産である「構造的暴力」と格闘せざるをえないマイノリティ集団の置かれた困難な状況下では、その中でも一番弱い立場におかれている「女子ども」が、自分たちの共同体内部、とりわけ家庭内で、直接的な暴力の対象にされやすいことを知っておくことも必要だろう。近代社会では、暴力（あばれるパワー）の問題が「入れ子」構造の中で起きているように思えてならない。

先住民女性たちの物語

まさに「光陰矢の如し」、わたしがアラート・ベイを訪れてから早一年八ヵ月という月日が経ってしまった。今年（二〇〇八年）の夏休みにわたしは、バンクーバーを再び訪れるつもりでいる。もちろん、久しぶりにリタおばさんとアンジーおばさんにも会いたい。でもその前に、未完のままのこの「旅日記」を仕上げておかなくてはいけないようだ。

これまでの何回かのカナダ研修を通じて、わたしは先住民女性に関するいくつかの文献を手にしていた。ところが、忙しさにかまけてずっと「積ん読」のままになっていた。アラート・ベイから日本にもどるやいなや、わたしはすぐに文献の一つ『先住民女性の話に耳を傾ける』(Hear First Nations Women Speak) をむさぼるように読みはじめた。そこには、聞き書きによってえられた、現代を生きる世代を異にした（三〇代、四〇、五〇代の）一五人の先住民の女性たちの生きざまが、一五篇の「物語」として綴られている。先住民女性たちを苦しめてきた大きな問題として「ファミリー・バイオレンス」（彼女たちはＤＶではなく、このことばをつかっている）が、すべての女性たちの口から語られている。物語には、彼女たちが受けた、子どものときの虐待、性暴力、配偶者・恋人からの暴力、精神的暴力、そしてレイシズム（ヨーロッパからの白人植民者による組織的差別）という社会的暴力が、個人の体験として語られているのだ。また同時に、ここに集められた一五の物語は、「犠牲者」（暴力被害者）から「サバイバー」（過酷な暴力をさまざまな努力をして生きのびた人）へ、そしてそのサバイバーの域からも脱し、新たな人生を歩みはじめた「回復」の物語として読むこともできる。彼女たちは、ファミリー・バイオレンスの原因として、先住民としての肯定的な自己認識の欠如、レジデンシャル・スクール（強制寄宿舎学校）での体験の影響、伝統的文化や価値観の喪失、経済的困窮、そしてアルコールやドラッグへの依存症などをあげている。

何人かの女性の口から漏れることばに、わたしは胸のふさがれる思いがした。彼女たちは語る。虐待と暴力は、あまりにも日常的なできごとだったので、暴力的ではない生活がありえるなんて想像もできなかった、と。女性たちの紡ぐ物語の縦糸には、アルコール、ドラッグ、暴力、自死願望が織り込まれ、そして横糸には、怒り、挫折、フラストレーション（失意）、そして絶望が編み込まれているようだ。彼女たちの生活において、「暴力」は、ごくありふれた、見慣れた風景にすぎない。

こうした先住民女性たちの声は、朝鮮半島から日本にやってきた在日一世そしてその娘世代である二世の女性たちの生きざまと重なっていく。一〇年近く前にわたしは、在日女性である自分たちの日本社会における位置を個人の視点から探っていくために、カナダ人のカウンセラーを招いて、「在日女性のためのエンパワーメント・ワークショップ」を在日の友人たちと開催した（一九九七年）。関東近隣から（二世と三世が中心の）三〇人の在日女性が横浜に集い、自分たちの生きざまを語り合った。まずは、自分たちの出自をたどっていくことからワークショップははじまった。ファシリテータ（進行役）から、「あなたの家族の中で、最初に朝鮮半島から日本にやってきた女性のことを書いてください」と促され、参加者は自分の祖母（ハルモニ）、母（オモニ）、あるいは叔母の物語を紡ぎはじめた。そして、すべての物語は、「彼女は……」という三人称で語られ、三〇もの彼女たちの物語がそこに差し出された。すべての物語が読み上げられた後、わたしたちは在日一世の女性たちの過酷な体験があまりにも似ていることに驚愕してしまった。こうしたナラティブ・セラピーの手法を取り入れたワークショップからあぶりだされたのは、日本による植民地化の影響を直接的に受けた一世女性たちの体験のおどろくほどの類似性だった。ワークショップ参加者が紡いだ物語は、はじめて日本列島にやって来た一世女性たちの体験を二世・三世であるわたしたちが記録として語ったものだ。だが、わたしが読みふけった先住民女性たちの物語は、彼女たちが自分たちの体験を語り、そうしたいくつもの「自己史《ハー・ストーリー》」を聞き書きとしてまとめたものだった。このようにナラティヴ手法（語り方）にちがいはあるが、わたしは太平洋をはさんだマイノリティの女性たちのそれぞれの歴史の間に、何かシンクロナイズするものを感じてしまったのだ。わたしが読んだ先住民女性の体験談《ナラティブ》にも、一世の在日女性の物語と同じような単調なまでの類似性が浮かびあがっていたからだ。生身の存在として生きる個人にとっては、一つひとつがかけがえのない個別の独立した人間ドラマであっても、集合体として、特定のグループの人たちのあいだにパターン化された「悲惨」が継続して見出されるとき、やはりそこに暴力を再生産させてしまうような抑圧のメカニズム（恒常的な不当な扱い）が働いているといわざるをえないだろう。

ワークショップの進行役をしたカナダ人女性の論文を通して、わたしは the monotonous 'normality' of the repetition of violence ということばに出合った。いったい、どのように訳せば、状況を適確に表現できるのだろうか。文字通りに訳すならば、「くり返される暴力の単調な常態」とでもなろうか。つまり、周縁化された女性たちの生活の隅々に浸透した「日常化され、内面化されてしまった暴力」の存在を指摘しているのだ。このことばは、一昔前の「荒れるアボジ（父）と耐えるオモニ（母）」という一世や二世の男性作家によって綴られた在日文学のモチーフの一つと共振する。日本社会の差別に苦しむ父親が、家庭においては女子どもに暴力をふるうというパターンを指し示している。わたしの脳裏には、梁石日《ヤンソギル》の『血と骨』（原作と映画）で描かれた、男から女へ、父親から息子へ、そして息子から母親へと執拗にくり返される暴力が、一つ、また一つとうかんでくる。先住民社会のファミリー・バイオレンスが、白人植民者による強制的同化政策という暴力装置と深い関わりがあるように、在日家族におけるDVをふくんだ家庭内暴力もまた、日本社会の在日にたいする差別のメカニズムと密接に関わっているにちがいない。どうも暴力（抑圧とい い換えても同じだろう）というのは、「入れ子」のような構造をもっているらしい。まさに、上記の被支配者集団（マイノリティ）の女性たちの物語の「くり返される暴力の単調な常態」は、そうした側面を表したことばなのだろう。主要な稼ぎ手である男たちが支配者集団（マジョリティ）の中で不当な扱いを受けることで、そうした暴力（抑圧）を内面化し家庭にもどると、自分たちよりも弱い立場にいる女子どもに暴力をふるうというなじみのパターンだ。いわずもがなだが、こうした背景があったとしても、マイノリティ男性によるマイノリティ女性や子どもへの暴力が正当化されるわけではない。だがここで考えておくべきことは、こうした暴力の重層性がマイノリティ社会を分断してしまう可能性だ。実は問題をより複雑にしているのは、この暴力（抑圧）の重層性は、マイノリティだけではなく、マジョリティの側にもあるということだ。植民者として「新世界」と呼ばれる二つの（南北）アメリカ大陸に渡った白人たちの圧倒的多数は、生活に窮して、あるいは犯罪歴などで、旧世界（ヨーロッパ）では生活できなくなった人たちだった。この辺のことは一九世紀以降の移民の歴史を紐解いてみるとよく理解できる。このように近代という時代に入って、人種、性別、階級などによる人々の分断が徹底化されていったようだ。ということは、先住民や在日一世の女性たちが直面した問題群の背景にあるものは、こうした近代史を理解しないと見えてこないのかもしれない。

それではここでまた、先住民女性の物語に立ちもどることにしよう。何人もの女性たちが、「回復」への第一歩として、伝統的な生活習慣や価値観への回帰をあげている。白人侵略者たちの強制的同化主義によって、自分たちの歴史、伝統、文化、言語、そして存在そのものを破壊され歪められてしまった先住民にとって、肯定的な自画像（セルフ・イメージやアイデンティティ）を獲得し直すプロセスは避けて通れないものなのかもしれない。彼女たちの想定する回復へのプロセスには、自分たちの痛みを軽減していくこと、信頼を取りもどしていくこと、許すこころをもつこと、そして自分たちの伝統的な生活習慣や価値観の回復と共同体の再生がふくまれている。彼女たちは、ファミリー・バイオレンスという問題の解決は、暴力の直接的被害者だけでなく、共同体全体の回復が伴わなければならないと考えている。構造的な暴力（抑圧）の被害を受けたのは、被害当事者である女性や子どもだけではないからだ。先住民のかかえる暴力の問題は、拡大家族内の男性加害者をつるし上げて追い出すことで解決するような問題ではなく、もっと複雑な要素をふくんだ問題だと考えているようだ。だからこそ、彼女たちの身体的・精神的回復には、家族全員の、共同体の、そして先住民社会全体の健全な関係性の再生が必要だと主張しているのだ。先住民の暴力をふるう男たちを加害者として排除するだけでは、彼女たちの目指す家族や共同体の再生はなしえないと考えているからだ。となると、加害者に刑罰を科すことに重きをおく白人社会の解決法に与するわけにはいかなくなるだろう。

彼女たちは、自分たちのやり方で、家族の、そして共同体の回復と再生への道を模索しようとしている。このことはいったい何を意味しているのだろうか。自分たちの人間性を回復させるために、同化主義によって押しつけられた白人たちの価値観を脱ぎ捨てることも必要になってくるだろう。そのためには、もう一度、自分たちの伝統と文化的価値を確認し合える「場」が必要なことも理解できる。わたしが参加することのできたポットラッチは、まさにそうした確認作業の現場だったようだ。先住民の伝統的な生活習慣と価値観とは、自然を克服していくという近代的な発想ではなく、あくまでも自然に寄り添って生きていくといったもののようだ。そうした文化（生活様式）においては、ジェンダーについての考え方も、白人社会のものとはちがってくるだろう。わたしが違和感を覚えたポットラッチに継承されている固定化された性別役割も、こうした大きな見取図で見ていく必要がありそうだ。

渇きをいやすための「生きた水」

文脈が少しずれてしまうかもしれないが、アメリカの黒人文芸批評家のベル・フックスが『とびこえよ、その囲いを——自由の実践としてのフェミニズム教育』（六〇〜六一頁、新水社、二〇〇六）の中で、「生きた水」というなかなか興味深い比喩を披露しているので、ちょっとここで紹介したい。ベル・フックスは、彼女の思想に影響を与えた偉大な師として、南米における農民の識字教育で有名なブラジルの教育者パウロ・フレイレとベトナム人仏僧ティク・ナット・ハンの二人の名前をあげている。前記の著作の中で、フックスは、フレイレの性差別的な言説をどう思うかと問われて、まずはフレイレの女性差別的な表現とファロス（男根）中心主義を明確なかたちで批判している。だが同時に、こうした批判をもちながらも、彼の著作から学ぶ可能性を葬り去るつもりはないとも答えている。さらに彼女は、「西洋思想と言語の中に根強く巣喰っている二項対立的な物のとらえ方では、一筋縄ではいかない思いを伝えるのはほとんど不可能」（五九頁）だとも述べている。彼女は若かりし頃、「ひたすら自分の心の飢えと渇きを満たしてくれる何かを求めるように」活字をむさぼり読む自分と、フェミニスト学者を自認する白人女性たちの、フレイレの著作にたいする反応のちがいを強く意識したという。白人女性たちは、フレイレの著作を性差別的表現ゆえに拒絶したりその価値を認めなかったりしたが、フックスにとっては、解放への道を切り拓いてくれるフレイレの著作に「疵《きず》」がついているかどうかは問題ではなかったと語るのだ。そして、わたしたちの中の「白黒をはっきりさせたがる」二項対立的な発想にたいして再考を促すのだ。

考えてみて、彼の本がちょっとゴミの浮いた水だと。灼けつくように喉が乾いていたら、あなたはきっと、ゴミをすくい出してから、なんていう余裕はなく、むさぼるようにその水を飲むでしょう。この件からわたしが思ったのは、それって、先進国でぬくぬくと暮らしている人たちが第一世界の状況だけを基準にして、水の使い方についてあれこれいうのに似ている、ということ。もしあなたが特権を与えられていて、世界でもっとも豊かな国の一つに住んでいるなら、あなたは資源を浪費できる。不純と思うものはみんな捨てましたと、涼しい顔でいえる。……考えなくてはならないのは、世界中で、喉の渇きをいやすために水をもとめる圧倒的多数の人たちが、水を得るためにどんなことをしなくてはならないか、ってこと。わたしにとって、パウロの書いたものはそういう生きた水なのよ。

ベル・フックスは、とことん声を奪われた人々の主体としての尊厳に焦点をあてたフレイレの著作、そしてそのほかの「生きた水」によって、アメリカの人種差別政治を全世界的な文脈の中に置くことができるようになったと主張するのだ。彼女は、フレイレの著作に垣間見える性差別について語るときのむずかしさを意識しながら、「批判の方法論をちゃんと残しながら、それでいてなお、彼の著作の中にある価値と尊敬に値するすべてをちゃんと認識する」ことを提唱している。つまり、批判的に介入するということは、すべてを否定し去ることと同じではないと指摘しているのだ。

わたしはここでかなり乱暴な引用をしてしまっていることに気づいている。ベル・フックスが「生きた水」に擬《なぞら》えているのは、被抑圧者の立場から解放を唱えながらも、その言説にジェンダー・バイアスを色濃くにじませたマッチョ的なインテリゲンチャの著作の数々なのだ。それなのにわたしは、多少の疵（ジェンダー・バイアス）があっても読むに値するフレイレらの著作と、伝統的儀式ポットラッチに垣間見える先住民のジェンダー観を、むりやり同列に置こうとしてしまっている。自分自身のこじつけに気づきながらも、ベル・フックスの「生きた水」に込められた意図と、先住民女性の伝統的な生活習慣と価値観への回帰に込められた思いとの関連性にこだわってしまうのだ。先住民女性たちは、共同体の再生のために、灼けつくような想いで、奪われた自分たちの伝統的な生活習慣を取りもどそうとしている。たとえ伝統的な儀式であるポットラッチに、西洋的なジェンダー観からは受け入れがたいものがあったとしても、現在の先住民女性にとっては渇きをいやすための「生きた水」なのかもしれないのだ。

ベル・フックスは水に浮かぶゴミをどのように感じるのかは、実はその人の出自と世界のどこに住んでいるかによって雲泥の差があると示唆しているようだ。ふんだんに水を浪費できる先進国の人間だけに、ゴミの浮いた、あるいは濁った水を不純物として拒否することが可能なのだと。

マイノリティ女性たちの困難

ベル・フックスの比喩から大いなる示唆を受け、ジェンダー的視点といったものを、画一的に考えてしまうことのあやうさを自覚したわたしだが、それでも手にした「生きた水」の中のゴミの多さにたじろいでしまうわたしがいることも事実だ。いずれにせよ、マイノリティの女性たちが自分たちの現状を変革しようとするときの困難さは自覚しておかなくてはならないようだ。たしかに、たとえゴミが浮いていたり濁った水であっても、生き延びるためにその水を必要とする状況はあるだろう。でも、もう一つ自覚しておかなければいけないのは、濁った水をそのまま飲み続けることを運命付けられているわけではないということだ。自分たちの手で、水に浮かぶゴミをていねいに取り除くことも、濁った水を上手に濾過することもできる、それにほかの人たちと協力しながら水道を敷くことも可能だということを忘れてはいけないはずだ。

だが、そうした行動を起こそうとするとき、つまり自分たちの状況を具体的に変えていこうとするときに、すでにある暴力的（抑圧的）構造ゆえに、マジョリティの女性にはない、マイノリティの女性特有の困難さがともなうことも肝に命じておかなくてはならない。なぜならば、「外からの暴力」だけではなく、「内なる暴力」の問題とも同時進行形で対応していかなければならず、複雑に絡み合った差別の網の目を、まるでアクロバットのようにくぐり抜けることを要請されてしまうからだ。とはいえ、わたしは一五篇の先住民女性たちの物語から、こうした困難さに屈することなく、自分たちの生活を自分たちの手で立て直そうと苦闘する強い意志と決意を読みとった。彼女たちは、ポットラッチの場で長老男性が説いた「男たちの背後」を歩いているわけではない。自分たちのそして次の世代のために、ゴミの浮いた、濁った水ではなく、きれいな水を確保すべく、彼女たちは先頭に立って行動しているのだ。物語を語った先住民女性たちの何人かは、自らの回復を果たした後、カウンセラーとしてほかの先住民女性の支援活動をしている。ポットラッチでくり返し言及されたように、アルコールとドラッグは、先住民の生活に深刻な問題を投げかけている。こうした問題に対処するために、多くの先住民家族が専門的な助けを必要としている。アラート・ベイのポットラッチでも、会場内では飲酒と喫煙がきびしく制限され、再三再四、禁酒禁煙のアナウンスが流されていた。

白人植民者によってそれまでの暮らしを根こそぎ破壊されたカナダ先住民の歴史的背景を考えたとき、先住民女性が物語で語っていたように、伝統的生活習慣と価値観への回帰を望んだことは理解できる。西洋（白人）的な価値観を優位に置き、先住民の生活習慣を野蛮とみなし、一切の儀式を禁止してしまったのだから、まずは原状回復をしておかないことには前には進めないのだろう。

在日のチェサ（祭祀）

カナダ先住民女性たちの伝統的な生活習慣や価値観への回帰に、その歴史的背景ゆえに、深く共感できるわたしだが、それではそれを在日の文脈にあてはめ、朝鮮半島の伝統的生活習慣と価値観への回帰を受け入れるのかと問われたら、わたしの答えは「否《ノン》」以外には考えられない。たとえば、チェサ（祭祀）と称される祖先の命日にその霊を祭る儒教的行事を、多くの在日が民族の証として現在も励行している。だが、失ったもの、奪われたものを回復するという行為は、美化した「過去」を反復することではないはずだ、とわたしは考えてしまうのだ。在日にたいして同化主義と排外主義をもってしか対応しない日本社会にあって、自分たちの尊厳を守るために、そして不当な扱いに抵抗する主体を立ち上げるために、朝鮮半島伝来の生活習慣や価値観の正統性を主張したがる気持ちが理解できないではない。それでもなお、マイノリティの立脚点は、幻想でしかない過去の共同体へのノスタルジーであってはならないと強く思うのだ。

わたしの生まれ育った家庭でも、（何代にもさかのぼって祭る必要があり）チェサはかなりの頻度で執り行われていた。幼い頃から、性別役割を徹底的に儀式化したこの行事にわたしは強い違和感をおぼえていた。祭祀の主役はあくまでも男性で、女性は裏方としてしか参加できない。まったく根拠のないままに、男の子は「男」であるというだけで、「女」よりもエライと学習してしまうような場づくりがなされていた。だからこそ、チェサという儀式に、度し難く「男尊女卑」というイデオロギーが埋め込まれてしまっているのなら、それに代わるものを創りだしていくことのほうが現状の変革にはふさわしいと、わたしは考えてしまうのだ。いまだ在日への差別を払拭できない日本社会で、在日が「在日性」を確認するための「場」が必要ならば、そして在日の一人ひとりが十全に生きていくための装置が必要だというのならば、自分たちで新たに創り出していくしかないのだとも。

前述のワークショップで参加者のわたしたちは、周辺化された人たちが歴史的な文脈から切り離され、一人ひとりが次第に孤立させられていく抑圧の構造を学んだ。そうした孤立に陥らないためにも、自分たちの歴史や（人生観、宗教観、死生観を含んだ）文化を継承していく必要があることは理解できる。でもそれは、チェサの中の女性差別的な側面を批判せずに残したまま、後生大事に継承していくことを意味しているわけではないだろう。わたしたちの生活様式や精神生活の質に関わる文化という装置を、無批判のまま「過去」の反復にとどめておいてはいけないはずだ。そしてまた、在日独自の日本における歴史性を無視して、朝鮮半島の生活習慣や価値観を「正統」としてしまうことの危険性にも気づいていたい。

カナダ先住民と在日は、支配集団（白人と日本人）の文化的価値観への同化を強いられてきたという歴史を共有している。つまり、それぞれの社会において、白人と日本人の文化が「正統」で、先住民と在日の文化は「異端」とされてきたのだ。こうした抑圧体制の下での、正義をもとめる「抵抗」運動には正当性がある。だが、ここで気をつけなくてはいけないのは、押しつけられた支配集団の「正統」文化に対抗するために、自分たちの新たな「正統」文化を立ててしまうことの危険性だ。わたしたちが目指すべきは、「正統」と「異端」という二分法そのものを掘り崩していくことでなくてはならないはずだ。ある支配集団の「正統」性によって不条理をこうむったからこそ、「正統化」そのものに排除のメカニズムが埋め込まれていることを骨身にしみて理解できるはずなのだ。努々《ゆめゆめ》、支配集団の「正統」に対抗するために、もう一つの「正統」を打ち立て自分たち以外の人間を排除してしまうという愚行をおかしてはならない。だからこそ、先住民の伝統的な生活習慣と価値観への回帰が、単純な「過去」の反復ではなく、現実を見据えてのチャレンジであることを信じたいのだ。

「自分を慈しむこと」の忘却

当初は、三日三晩、つまりすべての儀式に参加するつもりでいたわたしたちだったが、帰りの混雑を考慮して、三日目の朝一番のフェリーでバンクーバーにもどることに予定を変更した。その最後の夜に、わたしは一人の美しい若者に声をかけられた。実は、人を惹きつけずにはおかない彼の笑顔を、わたしは何度も目にしていた。文字通り立錐の余地もない会場で、何百人もの人たちの食事をいったいどのように賄うのかに、わたしは興味津々だった。待望の食事の時間、司会がまずは参加者に席を立たないようにと指示をあたえる。そして中央にいくつものテーブルが設えられ、その上に食べ物が並べられていく。配膳のために、（たぶんボランティアであろう）男女の若者たちが、会場の中をまるで蝶のように軽やかに飛び回っている。四角いカゴのようなものに何人分かの食事をのせ、高齢の人から順番に配っていくのだ。そこには司会の男性が執拗に強調した、「女は男の背後に」といった空気は微塵もなく、男女が対等に協力し合いながら給仕に専念していた。その手順のなんとリズミカルでスムーズなこと。食事時間に、笑顔をたやさず軽やかに階段を昇り降りしていた若者の一人が彼だった。その名前も知らない若者が、最後の夜に、わたしに話しかけてきたのだ。

若者には、アメリカ・インディアンのスー族の血も流れているという。儀式のあれこれと先住民の歴史を、若者はキラキラと輝く瞳で話してくれた。そして、ポットラッチという儀式が先住民にとってどんなに大切なものであるかも。彼にとって、ポットラッチが、単なる過去の儀式の反復であるとは思えない。そうではなくて、彼にとっての共同体の再生とは、今を生きる自分たちのニーズに合わせて、新たに自分たちの身の丈に合った共同体を創りあげていく作業にちがいない。彼の語りに感応して、遠来の客であるわたしは、ポットラッチの場をどんなに居心地よく感じているかを伝えた。二人の間にやわらかい時間が流れた。

わたしは若者の横顔を目で追いながら、その日の朝に訪れた「レジデンシャル・スクール」（強制寄宿舎学校）の歴史に思いを馳せていた。白人植民者たちは先住民同化政策として、先住民の子どもたちを、強制的に親元から引き離し（ときには拉致して）寄宿舎に収容し、そこでキリスト教とアングロ・サクソン（英国）的な価値観を教え込んだのだ。学校では、それぞれの部族の言語や生活習慣はすべて禁止された。一九七〇代には、ほとんどのレジデンシャル・スクールが閉鎖されたが、最後の強制寄宿舎学校の門が閉ざされたのは、なんと一九九六年になってからだった。今日、こうした寄宿生活において多くの子どもたちが身体的・性的虐待を受けていたことが明らかにされている。女の子たちだけではなく、多くの男の子たちも性的暴力の標的とされたのだ。ほとんどの学校は宗教団体によって運営されていたので、現在、多くの教会が虐待で訴えられ、中には補償金を払えずに破産した教会もあるという。家族からそして共同体から引き離され、毎日、さまざまな暴力にさらされた子どもたちが、暴力を内面化し、暴力の連鎖が先住民社会を蝕んでいったであろうことは容易に想像できる。こうした歴史があるからこそ、先住民女性たちは、ファミリー・バイオレンスの解決に単純な被害者（女）と加害者（男）の二分法だけで対処するわけにはいかないのだ。こうした歴史からも、彼女たちが家族全体の回復と共同体の再生を主張することの理由が理解できる。

先住民の男たちは、おなじ先住民の女子どもを殴る加害者という側面だけではなく、白人植民者によるレイプもふくめたさまざまな暴力の被害者という側面もあわせもっている。わたしは先住民の暴力の歴史に思いを馳せながら、どんな暴力によっても奪うことのできない人間のしなやかな回復力のことも同時に考えていた。わたしは、眼前の若者の誇らしげなたたずまいと、自分とおなじ先住民にたいする温かいに眼差しに大いに励まされた。お互い名乗らずに話し続けたその若者のやさしさと美しさの中に、わたしは自分がもとめているものを探していたのかもしれない。すでに時計の針は夜中の一二時を指そうとしていた。若者は、コーヒーを一緒に飲みながら、もっと語り合おうと誘ってくれた。でも、にわか「シンデレラ」のわたしには、時間的な余裕がなかった。現実の世界にもどる時間は迫っていた。翌朝は、六時前に起床だ。急いで帰って荷造りをしないと友人たちに迷惑をかけてしまう。わたしは後ろ髪を引かれる思いで、たぶんもう二度と会うことはないであろう若者に別れを告げた。

わたしは外の冷気で昂った気持ちを鎮めながら、ベル・フックスが前述の著作の中で紹介していたアントニオ・ファウンデス（『問うことを学ぶ』）のことばを思い出していた。

若い頃のチリでの日々の暮らしを振り返っての反省の一つは、政治的・宗教的・道徳的な主張がひたすら観念的で、個々人の行動の中で具体的な姿となって現れることがなかった、ということだ。われわれは観念の革命家ではあったが、日々の生活の革命家ではなかった。決定的に重要だと思うのは、個々人が生きる中で、自分たちが肯定するような生き方を、実際の日々の生活の中で生きてみせるべきだったということだ。（五八頁）

わたしは、わたしの出会った先住民の若者がファウンデスのように苦渋に充ちた反省をすることはないだろうと、根拠のないままに確信してしまっていた。ビッグ・ハウスの中を、男女の区別なく、同じように軽やかに動き回っていた彼女そして彼らの姿には、「観念」ではなく「現実」を直視し変革しようとする息吹にあふれていたのだから。

体系的《システマチック》な差別（抑圧）制度が、被抑圧者にあたえるダメージの一つは「自分を慈しむこと」の忘却ではないだろうか。いまだに先住民と在日の多くが、自分の肉体を、自分の存在そのものを愛せないでいる。一五篇の先住民女性たちの物語にも、自分の存在そのものの受け入れることができずに悩み苦しむ姿が映し出されている。社会の主流から追いやられ、たえず緊張を強いられていては、「自尊の意識《セルフィスチーム》」を育むのはむずかしい。こうした自己否定を克服するためには、たとえ遠回りに思えても、抑圧者と被抑圧者の関係がどのような歴史的背景の下に生み出されたのかを知る必要があるだろう。マイノリティが自分たちの存在を愛せないのは、自分たちに価値がないからではなく、有形無形の抑圧をマジョリティの側から受け、ステレオタイプ化されたマイノリティのイメージを内面化してしまっているからだということにも気づかなくてはならない。

世界という大きな見取り図の中で

今回のアラート・ベイへの旅は、在日であるわたしが、太平洋を隔てたバンクーバーに住むリタおばさんとアンジーおばさんに強い親近感をもったことに端を発している。そしてその親近感は、わたしの歴史観によるところが大きい。世界史をたどってみると、有色人である先住民は白人によって従属化され、在日はおなじ人種（モンゴロイド）によって従属化されたことがわかる。まずはヨーロッパの白人たちが有色人たちを隷属化していき、日本は隷属化される前に西欧列強を見習って（朝鮮半島をふくんだ）アジアの国々を植民地化していったのだ。わたしは、こうした植民地化という近代の抑圧装置によって受けた被害体験が、世代を重ねながらも、いまだに在日とカナダ先住民の共同体と家族のありようにさまざまな形で影響を与えていると考えている。息子のことで悩むアンジーおばさんの大きなため息は、わたしの耳には、家族の問題で一喜一憂するわたしの周りにいる在日家族の声と重なって聞こえてしまうのだ。とはいえ、植民地主義の直接の影響を現在の在日や先住民の人たちが受けているわけではない。在日と先住民の日常は、いま現在居住する社会のありように一番強い影響を受けているはずだ。リタおばさんとアンジーおばさんが住むカナダは、白人植民者による先住民への蛮行を認め、十分ではないにせよ、政府として補償をきちんと行っている。翻って日本を見たとき、カナダとのあまりのちがいに愕然としてしまうのだ。

英語のアラート（alert）には「注意を喚起する、覚醒を促す」という意味もある。今回の旅を通じてわたしは在日である自分の存在を、改めて世界の近代史の中に位置づけることができたように感じている。ＤＶが男女間のプライバシーに関わる問題ではなく、犯罪だと認識されるようになってから久しい。そして、先住民女性たちがファミリー・バイオレンスを、白人植民者による同化主義と深いつながりをもつ問題としてとらえるようになってからも長い年月が経っている。世界史を概観すると、人類は近代から現代に至るまで、民族・人種間、男女間、階級間の不平等を解消できないままに引きずっていることがわかる。在日女性と先住民女性の生きがたさから見えてくるのは、そうした近代のかかえる矛盾がマイノリティの女性たちに顕著に体現されてしまっているという事実ではないだろうか。だとすると、在日や先住民の女性たちが自分たちの状況を変革していくためには、やはり世界という大きな見取り図を手放してはいけないようだ。民族差別も、女性差別も、経済格差も、すべて世界規模で起きてしまっているのだから。わたしがアラート・ベイでアラート（注意喚起）されたのは、まさにそういった意味でわたしの存在は世界とつながっているということのようだ。

【注】

（1）文化人類学的な見地からは、日本における「先住民」としての少数民族はアイヌの人たちになるだろう。だが、ここでは「日本人＝権力をもつ集団」そして「在日コリアン＝権力を剝奪された集団」という権力構造を意識しながら、カナダ先住民と在日コリアンの状況を「マイノリティ問題」として考察することにした。

（2）支配的な集団が、民族などの差異を理由に、権力を剝奪された集団（マイノリティ）を社会の中心から周辺部に押しやることで経済力や政治力へのアクセスを独占するようになり、権力や社会資源（福祉制度、教育、情報など）の平等な分配を固定化していく。また、その社会の文化・価値観・規範も、支配的な集団を基準につくり出されていく。さらにすべての制度が、社会の中心部に位置する人たちの都合に合わせて整備され、周辺に追いやられた人たちは権力や資源から遠ざけられることで構造的な差別と抑圧の対象にされていくのだ。こうした現象を「周辺化」と称している。

（3）The First Nations（ファースト・ネーションズ）とは、カナダに最初に住みついた民族すなわち先住民を意味する。同時に、近代カナダの「創設民族」とされる英国系民族とフランス系民族とともに、カナダを構成する多くの民族の間で「対等な中の筆頭」という地位を確保しようという意思を示している。複数形になっているのは、公認インディアンが多くのバンド（先住民の行政単位）に分けられているからである。（出典：ｗｅｂ地理月報００１）

（4）カナダ先住民とは、北米インディアン、メティス、イヌィットを指す。メティスとは、ヨーロッパ人（主としてイギリス人とフランス人）と先住民の間に生まれた者またはその子孫で、自らをメティスと申告した人のことである。一九九六年の国政調査によれば、それぞれ約五五万人、二一万人、四万人で、複数回答者を含めるとおよそ八〇万人であった。その大半はオンタリオ州と西部四州（マニトバ、サスカチュワン、アルバータ、ブリティッシュ・コロンビア）に住む。（出典：web地理月報001）
（5）池澤夏樹『パレオマニア――大英博物館からの13の旅』、集英社インターナショナル、二〇〇四。
（6）基本的に儀式のあいだは室内での撮影は禁止だったが、早朝の儀式のはじまる前の写真撮影はそれほど厳しく制限されていないようだった。そうした時間に、わたしも何枚か「ビッグハウス」内の写真を撮ることができた。すでにインターネットなどでも会場内の写真が公表されているので、このエッセーでも写真を紹介させてもらうことにした。
（7）ここには「長幼の序」という年齢差別の問題も含まれているが、今回はジェンダーの問題だけに焦点をしぼることにした。

〈「アラート・ベイへの旅」『戦争と性』第二五号二〇〇六、第二六号二〇〇七〉

韓国済州島を訪ねて

今回の旅は、在日の歴史を探る際に遭遇するであろう、「ディアスポラ」と「ルーツ」という二つのことばにまつわるものだ。成田空港からわたしに寄り添い一緒に旅を続けたのは、日本籍の在日であるサキちゃん（仮名）だ。現在、オールドカマーの在日の三分の一は韓国の最南端に位置する済州島に家族のルーツをもつといわれている。サキちゃんもその内の一人だ。今回の泣き笑い満載の旅は、彼女の「ルーツ探し」が最大のハイライトになった。

済州島訪問

旅の一番の目的は、二〇一六年八月二四日から二六日にかけて開催された「The 16th Korean Women's International Network（ＫＯＷＩＮ）」に参加することだった。これは「第一六回韓国女性国際連帯会議」とでも訳せるだろうか。高校の後輩ヘジャ（仮名）からの誘いが、すべてのはじまりだった。ヘジャが口にした「渡航費・宿泊費免除」は魅力的だったし、彼女が語る昨年のＫＯＷＩＮでの体験はわたしの興味を引いた。

さて二人が学んだ「東京韓国学校」を簡単に紹介しておきたい。わたしたちの学生時代は、在日社会の冷戦によるイデオロギー色は今以上に鮮明で、朝鮮半島を分断する三八度線が日々の暮らしにも強い影響を及ぼしていた。民族学校も「朝鮮民主主義人民共和国（北朝鮮）」擁護派と「大韓民国（韓国）」擁護派の二つがあった。北朝鮮系の学校は、ほとんどの教科を朝鮮語で教え、朝鮮語ができないと授業についていくのが難しい。ところが韓国系の学校は、「国語」と「国史」の授業は韓国語だったが、その他の授業は日本語で行なわれていた。結果として、中学から在籍していたヘジャは韓国語を流暢に話せるが、わたしの場合は高校の三年間、真面目に「国語」と「国史」を勉強しなかったことが祟って、ほとんど韓国語が話せない。

お気づきのように、在日は朝鮮半島で使用される言語を表示するにも、「朝鮮語」と「韓国語」の二つを使い分けなくてはならず、言語と政治のきわどいせめぎ合いが、こうしたことにも表れてしまう。ＮＨＫ語学講座は、妥協の産物として「ハングル」という、本来は表記文字しか意味しないことばを使用することで、今日に至っている。東アジアの政治的緊張によって生まれた在日は、どこを切り取っても政治性をおびてしまう存在なのかもしれない。

さて本題にもどろう。韓国学校高等部は、学年毎に男女それぞれ一クラスしかなく、ほぼ全員の顔が見えるような小規模なものだった。そのせいか、先輩と後輩の関係がひじょうに密だった。ヘジャとわたしは、卒業後も、在日の人権擁護活動などを通じて、付かず離れずの関係を続けていた。現在、花屋を経営するヘジャは、在日本大韓民国民団（民団）の「婦人会」の若手メンバーでもある。婦人会はＫＯＷＩＮの日本における窓口で、彼女が今回の会議のまとめ役を務めていた。年齢層も高く保守的で体制寄りの婦人会に、ヘジャは新風を吹き込みたいと、民団とはまったく縁のないサキちゃんとわたしを、ＫＯＷＩＮの参加者リストに加えたのだ。

たしかに、二つの事業を営む起業家のサキちゃんと、日本企業に長く勤めているわたしは、ヘジャの人脈の中では異色の存在なのだろう。そして異色の二人は、それぞれちがった理由で、ＫＯＷＩＮへの参加を決めたのだった。サキちゃんは家族の「ルーツ」を探すために、そしてわたしは「ディアスポラ」としての自分を再確認するために。

ＫＯＷＩＮに参加して

朝鮮半島の現近代史は大量の「ディアスポラ」を生み出した。日本社会ではあまり耳にしないこのことばを、ウィキペディアは「元の国家や民族の居住地を離れて暮らす国民や民族の集団ないしコミュニティ、またはそのように離散すること自体を指す」と、解説している。さらに解説は、難民とディアスポラのちがいに触れ、元の居住地に帰還する可能性のある難民に対して、ディアスポラを離散先で永住・定着する傾向のある存在として描写している。日本・中国・米国・旧ソ連を中心に、世界に散らばるコリアン・ディアスポ

「The 16th Korean Women's International Network（KOWIN）」（2016年8月24～26日）会場にて

ラの数は、六〇〇万とも七〇〇万ともいわれている。どうもＫＯＷＩＮというのは、そうしたコリアン・ディアスポラの女性たちが一堂に会する場のようなのだ。在日女性の今日的問題を、世界の枠組みの中で考え続けたいわたしとしては、こんなチャンスを逃す手はない。

　ところがサキちゃんもわたしも、会議の基軸言語である韓国語がよくわからない。「英語ができれば大丈夫」という、ヘジャの太鼓判に一縷の望みを託したが、会議はすべて韓国語で行なわれ、英語のフォローは一切なかった。日本から参加した他のメンバーが通訳をしてはくれたが、断片的な通訳だけでは、会議の内容を理解することは不可能だった。

　そして蓋を開けてみてわかったのは、この会議が韓国政府の後ろ盾を得て開催されていたことだ。なるほど、これで冒頭に朴槿恵《パククネ》大統領の挨拶が映像で流され、女性家族部の姜恩姫《カンウニ》長官が最初から最後まで、会議の顔として参席していたことの説明がつく。韓国政府お墨付きの会議に、世界中から集まった女性の数は五五〇人。美しく着飾った女性たちの自信とプライドが醸し出す熱気が、会場全体を覆っていた。安倍政権が提唱する「女性が輝く社会」の韓国版とでもいえそうな、エリート色の強い雰囲気の中で、粛々と会議は進められた。

会議初日は、お歴々の歓迎のご挨拶、そして盛り沢山のパフォーマンスで一日が終わり、二日目はいくつかの分科会にわかれての討議。わたしたちは「女性の仕事と家庭の両立」の分科会に参加した。中国、英国、台湾、ウズベキスタン、そして日本からの参加者による討論となったが、ここでもことばの壁が大きく立ちはだかり、なんとも歯痒い思いをすることになる。そんな中でも、台湾の目を見張るような革新的女性政策を学ぶことができたのは収穫だった。

わたしが期待した世界に散らばるコリアン・ディアスポラの女性たちとの対話は、言語の壁を前に、もろくも崩れさってしまった。移民は、通常三世代で元々の言語を失うといわれている。すでに六世の誕生を迎えている在日が、韓国語を話せなくなっているのは自然の流れなのかもしれない。とすると、わたしが目にした流暢に韓国語を操る女性たちは、まだ移住先で世代を重ねていないディアスポラということなのだろうか。さまざまな意味を込めて、在日女性と他の国々で活躍するコリアン・ディアスポラの女性たちとのちがいを考えさせられる旅となった。

せっかく参加したKOWINだったが、わたしの慣れ親しんだ「草の根運動」とはほど遠く、すでに専門分野で活躍する女性のリーダーシップに焦点があてられ、社会的弱者としての女性がかかえる問題は、隅に追いやられているという不満が拭いきれなかった。その点を批判したくとも、韓国語のできないわたしは、ただ臍を噛むほかなかった。

ここまで書いて、KOWINを日本の自民党主導の「女性の活用」と同レベルと断じて、何かわかった気になっていいのかという疑問が湧いてくる。わたしは、KOWINの成り立ちそのものさえ知らないのに。韓国の友人たちから、民主化闘争や市民運動を経て、韓国社会が大きく変わりつつあることは聞いていた。とりわけ、金大中《キムデジュン》政権と盧武鉉《ノムヒョン》政権下において、そうした変化が政策面に反映され、市民社会への道が切り拓かれているとも。

とすると、韓国政府が「国民国家」の枠に収まり切れないコリアン・ディアスポラ、それも女性たちに注目するというのは、グローバル化し続ける国際社会の動きを意識したものという解釈も成り立つ。これからわたしがすべきことは、言語の壁にへこたれずに、韓国と日本をワッタガッタ（行ったり来たり）しながら、KOWINに込められたメッセージを読み取ろうと努力することなのかもしれない。

ルーツ探し

旅の第一の目的は不発に終わってしまった感があるが、会議前後の数日は、まるで映画のようなドラマを目撃することになった。サキちゃんとわたしは、余裕をもって八月二二日に済州島入りし、二七日に成田にもどるという日程を組んだ。サキちゃんのルーツ探しという目論見があったからだ。

実はわたしは四月に母を亡くし、母が認知症を患って以来、音信不通になっていた韓国の母方の親戚との関係を、母の死をきっかけに再び紡ぎはじめるという経験をしていた。そんなわたしの経験を踏まえて、生まれて初めてアボジ（父）の故郷を訪ねるサキちゃんに、ルーツ探しに踏み出すことを奨めた。書類上は日本籍だが、自分の出自を片時も忘れたことのないサキちゃんは、以前からルーツ探しを考えていた。すぐに情報収集に走り、出発時には、整然とファイルされた必要書類が、彼女のスーツケースに納まっていた。

日本に帰化してからは、自らのルーツを一切口にしなかったアボジから、サキちゃんが得た韓国の家族に関する情報は何もない。でもアボジに腹ちがいの妹がいるらしいことは、おぼろげながら記憶していた。まずはその叔母が、生きているかどうかを確認することからルーツ探しがはじまった。

出発前から、わたしはサキちゃんのルーツ探しに最後まで伴走することを決めていた。そんなルーツ探しに、頼もしい助っ人が現れた。ヘジャの同級生、つまりわたしの後輩であるミジャ（仮名）が通訳を買って出てくれたのだ。高校卒業後に韓国へ留学し、そこで出会ったホンマモンの韓国人と結婚し、今はソウル近郊に住んでいるミジャの韓国語は完璧だ。これでことばの問題はクリアできたも同然。

かくして女三人のルーツ探しの幕が切って落とされた。まずは丸一日、わたしたちの冒険につき合ってくれるタクシーの運転手さんを雇うことからスタートする。済州島生まれの運転手キムさんは、ガタイが大きくて見た目は超強面。昔、ヤクザだったとの噂もちらほら……。横浜で何年間か出稼ぎ労働者をしていた彼は、日本語がほんの少し話せる。サキちゃんとわたしの韓国語も似たり寄ったりで、身振り手振りでお互いの意思を伝え合う。このときのわたしたちは、キムさんが後でいくつかの「奇跡」を起こしてくれるなんて知る由もなかった。車中は、ミジャとキムさんの「吉本」顔負けのボケとツッコミで、終始、抱腹絶倒であった。

こうしたノリの中で、キムさんは運転手の役割を大きく超えて大活躍をしてくれることになる。サキちゃんのアボジの生まれ故郷は、済州島西南部の海沿いに位置している。地元の食堂で、腹ごしらえを兼ねての作戦会議。サキちゃんが、目の前の書類をミジャとキムさんに説明する。まずは家系図を頭に入れ、役場で何をどのように質問するかをシミュレーションする。

準備万端を確認した後、役場に繰り出す。村役場には女性職員が多く、何人かは妊婦姿で、田舎独特ののんびりとした時間が流れている。職員を相手に、ミジャとキムさんが、汗をかきかき、サキちゃんの訪問の意図を説明し、彼女の親戚の安否を尋ねる。わたしは一歩下がって、高みの見物をさせてもらう。

役場職員との問答は、どのくらい続いたのだろうか。三人が疲れた表情で、わたしのところにもどってきた。結論は、「個人情報」の縛りがあり、家族以外には情報を渡せないとのこと。日本国籍のアボジは、韓国の役所に子どもたちの登録をしておらず、サキちゃんとアボジの親子関係が証明できないのだ。結局、サキちゃんの叔母さんの安否はわからないまま、役場を後にすることになる。職員たちは、遠く日本からやって来たサキちゃんに同情し、それとなく叔母さんの生存を匂わせてはくれるのだが、日本の韓国大使館で「国籍整理」してから出直して来い、が村役場の公式の立場だった。

　サキちゃんもわたしも、最初からコトがそう簡単に運ぶとは思っていなかった。今回の旅で、ルーツ探しの第一歩を踏み出せれば、それでいいと考えていたのだ。旅立つ前に、わたしはサキちゃんに、一つの提案をしていた。役場でめぼしい情報が得られなくても、アボジの生まれ育った海辺で、サキちゃんの家族を偲ぶ儀式を執り行おうと。サキちゃんは、そのために必要な支度もしていた。それだけでも、十分意味があるのだと……。

　一連のやり取りから、キムさんは、このルーツ探しに欠かせないメンバーになっていた。村役場の後、キムさんは機転をきかし、わたしたちを地元の老人会に連れていってくれた。小さな村のこと、地元のお年寄りに聞けば、生情報が得られると踏んだのだ。キムさんの読みは「ジャックポット《大当たり》！」だった。最初こそ、日本から来た他所者《よそもの》を不審な目で見ていた老人たちも、サキちゃんの真意を汲み取り、何人かのハラボジ（おじいさん）たちが情報収集のために腰を上げはじめた。自転車で自宅に古い地図を取りに行ったり、みんながサキちゃんのアボジの足跡を辿ろうと必死だ。少しずつ確かな情報が絞り込まれていく。

　とりわけ熱心にルーツ探しを手伝ってくれたハラボジは、車に一緒に乗り込み、アボジが生まれた住所に案内してくれた。すでにそこには新しい家が建ち、親類縁者の痕跡は何も残っていなかった。それでも、サキちゃんはアボジの生地を去りがたく、近辺の写真を撮ったりしていた。その間、件のハラボジとキムさんは、アジア人男性お得意の「ヤンキー座り」で、あちこちに電話をかけまくっている。どうも老人会の面々が「トレジャーハンター」振りを発揮して、ルーツ探しに奔走しはじめたようなのだ。キムさんは錯綜する情報を整理するのにてんやわんや。手持ち無沙汰のわたしたちは、庭先のイチジクをこっそりいただいたりして、コトの成り行きを見守るしかなかった。

突如キムさんが、叔母さんの有力情報が入ったと叫び、わたしたちは色めき立つ。ただ確認にはもう少し時間がかかるらしい。すでにルーツ探しは、わたしたちの思惑を超え、村のお年寄りたちの「トレジャーハント」の様相を呈していた。こうなると通訳のミジャもお手上げ。済州島の方言は訛りが強過ぎて、ミジャにもハラボジたちの話はチンプンカンプンなのだ。もうキムさんの独壇場だ。探偵、運転手、そして済州島弁《マル》の通訳と、すべてがキムさんの手にゆだねられてしまった。

そのキムさんの指示で、一旦、わたしたちは老人会にもどり、そこで待つことにする。だが、いったい何を待っているのかさえ定かではない。どのくらいの時間が経ったのだろう。二〇分、三〇分、なんだか場がざわめきはじめた。扉が開き、一人の温厚なハラボジが、そして彼に続き、初老のアジュンマ（おばさん）が現れた。夫と一緒に部屋に入ってきたアジュンマは、ひどく動揺している。サキちゃんを見つけるやいなや、「哀号《アイゴー》、哀号……」と号泣しながら、彼女を強く抱きしめた。

あまりの急展開に、わたしたちは呆然とするしかなかった。生死さえわからなかったサキちゃんの叔母さんが、突然、目の前に現れたのだ。わたしは慌ててカメラを取り出し、何度もシャッターを切る。サキちゃんと叔母さんの頬には滂沱の涙が……。これを「ドラマ」といわずして、何といえばいいのだろう。まるで「奇跡」のようなことが起きてしまった。たった一日で、サキちゃんは幻の叔母さんを探しあててしまったのだ。

あまりにもたくさんの「もしも……」が脳裏をよぎる。もしもヘジャが、サキちゃんとわたしをKOWINに誘わなかったら……。もしもミジャとキムさんの絶妙なコンビが成立していなかったら……。もしもキムさんに出会っていなかったら……。もしも村の老人会のハラボジたちに、好奇心がなかったら……。いくらでも「もしも……」は出てくる。偶然と必然の絶妙な匙《さじ》加減で、小さな「奇跡」が起こったとしか思えない。

済州島と在日の関係は微妙だ。済州島の住人で日本に、親類縁者のいない人はきっといないだろう。済州島の現在の繁栄に、在日の貢献が大きかったことは島の誰しもが認めるところだ。だからこそ、そこに力関係が生じ、お金にまつわる在日に対する複雑な思いが済州島の人たちの中にあったとしても不思議ではない。それでも、日本からルーツ探しにきたサキちゃんを、応援したいという済州島の人たちの気持ちに嘘偽りはなさそうだ。キムさんの奮闘ぶり、ハラボジの無心に駆け回る姿の中に、わたしは済州島の人たちと在日が共有する歴史への共感を見たように思う。わたしたちが共有する「集団的記憶」のようなものに突き動かされて、損得を抜きにして、サキちゃんのルーツ探しに、そこにいた誰もが奔走したのではないだろうか。そうでなければ、今回の「奇跡」の説明がつかない。

慌ただしい一日が終わり、疲労困憊してホテルにもどったサキちゃんとわたしは、なかなか寝付けずに、「ドラマだねえ……」、「奇跡だねえ……」、「まるで映画だねえ……」と、長かった一日を振り返りながら深い眠りについた。


わたしは自分にいい聞かせるように、「わたしたちは時代の産物だ」ということばをよく口にする。そして「わたしたちは物語を紡ぎながら生きる存在だ」とも。在日が、日本帝国主義の「落とし子」であることに異論はないだろう。歴史的経緯に関わりなく、ほとんどの在日がこれからも日本社会の構成員として、国籍の如何を問わず、ここ日本で生きていく。

「映画のような旅」を終えて、日本におけるコリアン・ディアスポラとしての自分の存在を考え込んでしまうわたしがいる。わたしは自分で選んで日本で生まれたわけではないし、気づいたときには日本語で意思疎通をしていた。わたしが韓国語を習得しなかった・できなかった背景には、わたし固有の物語が潜んでいる。日本国籍になっても、自らのルーツを済州島に追い求めてしまうサキちゃんには、彼女独自の物語がある。

済州島の青い空と碧い海に抱かれて、わたしはいったい何を再確認したのだろうか。世界中から集まったコリアン・ディアスポラの女性たちの中にいて、わたしと彼女たちを結びつけるものは何かを探っていたと思う。残念ながら、言語はわたしたちの結節点となりえなかった。「戦争の世紀」といわれた二〇世紀に、わたしたちの祖先が何らかの理由で朝鮮半島から離れざるを得なかった、あるいは自らの意志で離れた。そんな現近代史を共有していることが、わたしたちをかろうじて結びつけているのかもしれない。

サキちゃんのルーツ探しに、わたしはなぜあんなに真剣に取り組んでしまったのだろうか。ミジャの通訳には、魂がこもっていた。あの熱心さはどこから来たのだろう。キムさんは、一介のタクシーの客に過ぎないサキちゃんのために、なぜあんなに身を粉にして動き回ることができたのだろう。ミジャも、キムさんも、そしてわたしも、サキちゃんの物語が、彼女一人のものではないことを、うすうす感じていたのだと思う。それぞれが、済州島と在日をめぐる歴史の「立会人」としての自分を、どこかで意識していたはずだ。朝鮮半島の現近代史を貫く集団的記憶、そしてわたしたち一人ひとりのささやかな記憶が、複雑に絡み合って、お互いに作用し合って、小さな「奇跡」の物語が生まれたにちがいないのだ。

世界に目を転じてみると、グローバル化の浸透や国家・民族間の紛争などによって、これまでにない勢いでディアスポラの数が増えている現実が見えてくる。人びとは、さまざまな理由で世界を移動している。そしてその動きは国境線を越え、留まるところを知らない。

わたしはこれまで、「民族」という強い磁力を帯びたことばから、意識的に距離を取りながら生きてきた。民族的なるものを自明視してしまうと、女性の存在が家族の中に回収されてしまうという危機感があったからだ。だが今回の旅のつれづれに、「ディアスポラ」と「ルーツ」という二つのことばと向かい合いながら、わたし自身の「民族」をめぐるこわばりが、ほぐれつつあるのを実感している。

サキちゃんのルーツ探しに付き合うことで、わたしの中の「集団的記憶」を否認するのではなく、その存在を認めることができるようにもなった。また自分を「コリアン・ディアスポラ」とみなすことで、在日の存在を朝鮮半島と日本列島の関係の中だけに閉じ込めてしまうのではなく、世界史の中に位置づけることができるような気がしてきている。

〈女性の安全と健康のための支援教育センター「通信51号」、二〇一六年一〇月〉

第四章　映画を巡る旅

「その後」のその後――クルド人の女性たち

映画を観ることが、わたしの日常生活の一部になってからどのくらい経つのだろう。おそらく、一九八〇年代にアメリカの大学に入って、そこで「女性と映画」という授業をとったことが影響しているのだと思う。ポップコーンをほおばりながらでないと映画を観た気がしないアメリカ人が多いせいか、授業の一環としてのキャンパス内での映画鑑賞にもポップコーンのもち込みがゆるされていた。映画理論などほとんど覚えていないのに、あのバターをタップリからめたポップコーンの強烈な臭いと、担当教師の「まずはたくさんの映画を観なさい。映画の善し悪しは理屈では学べない。イヤというほどの数の作品を観ているうちに、どういうものが良い映画なのかわかってくる」ということばだけは、記憶にしっかりと刻まれている。

それ以来、わたしは先生の教えに従って、可能な限りたくさんの映画を観ることを心がけている。とはいえ、定期的にそれなりの数の映画を観るようになったのは、ここ一五年くらいのことかもしれない。それでも勤め人としての時間的制約があり、どんなに頑張っても一年で七〇本くらいの作品しか鑑賞することができない。合計するとかなりの本数を観ているはずなのに、いまだにいったいどういうものが「良い映画」なのかよくわかっていない。新聞などの映画評と、その映画を観たわたしの感想が異なっていることも多々ある。

映画を観る目的は人によってさまざまだろう。教養として観る人もいれば、単なる娯楽と考えている人もいる。また映画の鑑賞の仕方も変化しているようだ。わたしのように律儀に映画館まで足を運んで観る人もいれば、友人のようにインターネットでしか観ないという人もいる。それはそれでいいのだと思う。そしてわたしにとっての映画は、お楽しみであると同時に、現在の「世界」を理解するための手段にもなっている。とりわけドキュメンタリー映画から、二一世紀の世界でいったい何が起こっているのかを知ることが多い。つい最近も、そんな世界が直面する難問の一つを垣間見せてくれる作品に出会った。『バックドロップ・クルディスタン』(二〇〇七年)という、二四歳の日本の若者が監督したクルド難民家族についてのドキュメンタリー映画だ。これを観て、わたしはいろいろなことを考えさせられた。そこで、この小論ではそんなわたしの考えや思いを綴ってみたい。

クルド人の強制送還

国家をもたない世界最大の離散民族《ディアスポラ》といわれているクルド人の存在を、わたしがはじめて意識したのは、一九九三年にウィーンで行われた「国連世界人権会議」NGOフォーラムに参加したときだった。一群のクルド人とその支援者たちは、連日、フォーラム会場の入り口近くで大きな横断幕を掲げながら、クルド人をめぐる民族問題や人権問題、とりわけクルド難民の切迫した窮状を、世界中から集まったフォーラム参加者に訴えていた。当時のわたしは、『バックドロップ・クルディスタン』を撮った野本大《まさる》監督と同じように「クルド人問題」についてほとんど何も知らなかった。

日本にもどってからも、世界のニュースをアメリカ経由で報道する傾向の強い日本のマスメディア以外から、積極的にクルド人に関する情報を集めることもなく、ただ時間だけが流れていった。とはいえ、わたしが観た（一九九三年正式発足の）欧州連合（EU）設立以降のヨーロッパの映画から、移民や難民の問題が作品の前景あるいは後景として描かれることが多くなったのを感じとっていた。たとえば、ドイツにはトルコ移民が三〇〇万人以上いるといわれ、トルコ系ドイツ人監督のつくった映画を観る機会もふえていた。予想されたことだが、彼らの作品には、ドイツに住むトルコ系移民の、受け入れ国への同化問題や文化摩擦などをめぐる人間模様を描いたものが多かった。

また近年は、日本でトルコの映画を観る機会にも恵まれるようになった。そんな中、とりわけわたしに強い印象を残したトルコ映画は、トルコ人女性監督ハンダン・イペクチの『少女ヘジャル』（二〇〇一年）という作品だった。そこには、元判事の孤独な老トルコ人と、クルド独立派の活動家である両親をトルコ警察に殺され、クルド語しか話せない幼い少女（五歳）との触れ合いがていねいに描かれていた。国家言語であるトルコ語を押しつけようとする老人に、クルド語しか解さない少女ヘジャルが示す精一杯の抵抗に、思わず涙腺が緩んでしまったものだ。こうした映画を観ることで、わたしは移民・難民問題の複雑さを改めて思い知ることになった。ドイツでは移民として差別されるトルコ人が、トルコ国内ではクルド人を差別する。まさに、この構図に示されているような差別の「入れ子」構造を再確認させせられたからだ。

それでも日本に住むわたしにとって、クルド人問題は、やはり長い間、遠い海の向こうの問題であり続けた。そのはるか彼方の問題が、わたしの目の前に新たに提示されたのは、二〇〇四年七月のＴＶ報道を通してだった。難民認定を求めて、日本政府に難民申請中のクルド人であるカザンキラン一家（両親と子ども五人――女子三人と男子二人――の七人家族）が、渋谷の国連大学の前で座り込みデモをする様子が大々的に報道されたのだ。その後、一家総出のほぼ二ヵ月にわたる決死の示威運動が功を奏したのか、国連難民高等弁務官事務所（ＵＮＨＣＲ）からは国連難民認定を得ることができた。ところが、二〇〇五年一月一八日、仮放免延長手続きのために東京入国管理局を訪れた父親のアーメットと長男のラマザンが、突然、強制収容され翌日の一九日に、東京高等裁判所の判定どおり不法入国者としてトルコに強制送還されてしまった。

わたしはこのニュースをテレビで見ながら、なんとも名状しがたい、やり切れなさを感じ続けていた。こんなにも簡単に、「外国人」(非日本人)が日本を追い出されてしまうことに愕然としてしまったのだ。日本政府(法務省)は、手続き上、何の落ち度もなく粛々と「法」を執行したといい張るだろう。多額の金銭的貢献は存分にしていても、実質的に難民を受け入れないことでは定評のある日本国家としては、これまで同様の国是に則ったごくあたりまえの対応なのだろう。だが、日本で生まれ育ちながらも、日本国籍を持たずにこの国で暮らすわたしは、この「あたりまえ」の対応に不安と怯えを感じてしまうのだ。もちろん「特別永住者」という法的地位を保持し、日本語を第一言語として育ち、長きにわたって日本企業に勤めることで納税者としての義務も十分に果たしているわたしが、アーメットやラマザンのように急に日本から追放される可能性はゼロに近いだろう。それでも「強制送還」ということばのおどろおどろしさは、わたしの中に澱のように溜まったままだ。

多くの日本人は「単一民族、単一文化、単一言語」神話を鵜呑みにし、日本も含めた「国民国家」の成立そのものが、近代という時代が産み出した「つくりもの」にすぎないという事実には無頓着だ。だとすると、「日本語を母語とせず、日本文化を身体化せず、日本民族ではない非日本人は、日本から出て行ってあたりまえ」という枠組みを超えて、日本人が物事を考えるのは難しくなってしまうだろう。だからこそ、こうした風土の中で、日本国籍を持たずにこの国に暮らす「定住外国人」のわたしは、日本社会における自分たちの足場の脆弱さを意識せずにはいられないのだ。

さて、話をカザンキラン一家にもどすことにしよう。カザンキラン家の日本国家による「一家離散」事件も、時の経過とともに忘れ去られ、一家のその後の消息がマスメディアによって報道されることはほとんどなくなってしまった。インターネットでクルド難民支援グループのホームページから、情報検索は可能だったかもしれないが、少なくとも大手の報道機関から一家のその後の消息が伝えられることはなかった。自ら進んで情報を求めなかったわたしだが、カザンキラン一家の「その後」が、ずっとずっと気にかかっていた。いったいトルコに強制送還されてしまった二人は無事なのだろうか。あれから二人はどうなってしまったのだろう。そして、日本に残された家族五人は今どこで何をしているのだろうか。こうしたわたしの長い間の疑問に応えてくれたのが、野本監督の『バックドロップ・クルディスタン』というドキュメンタリー映画だった。

監督とカザンキラン一家との出会い

二〇〇四年当時、映画専門学校の学生で、二〇歳になるかならないかの野本は、卒業制作のテーマ探しをしている最中に、カザンキラン一家と出会った。好奇心の赴くままに、埼玉県蕨市で開催されたクルド人の新年祭「ネブロズ」に参加し、カザンキラン家の子どもたちと知り合ったのだ。そして、この家族のパワー全開の生きざまに魅せられてカメラを回しはじめる。とくに、父アーメットの圧倒的な存在感には度肝を抜かれてしまったようだ。カザンキラン一家と関わっていく中で、野本は自分の卒業テーマは「これだ！」と直感する。ところがカザンキラン一家を映像化するという彼の企画は、学校からゴーサインをもらうことができなかった。

そうこうしているうちに、前述した父アーメットの在留資格をめぐる問題が抜き差しならぬ状態になっていく。一家が日本国家に向けての実力行使を決め、国連大学前で座り込みデモを開始してからも、カメラはひたすら家族の後を追う。卒業作品のテーマとしては却下されたが、そうとは自覚しないままに、彼の内でカザンキラン一家の存在が、生きる上でのより大きなテーマとして息づきはじめていたようだ。その後、野本は専門学校を中退し、日本国を相手に闘う家族に寄り添い、その一部始終を記録していくことになる。父アーメットと長男ラマザンが、強制収容された翌日の緊急記者会見の緊迫した様子もカメラに収める。会見の席上で、父子が異例の早さでトルコに強制送還されたことが告げられると、会場の緊張は一気に高まり、悲報を聞いた家族はパニック状態に陥る。あまりにも唐突で理不尽な事の成り行きに、家族の一人ひとりが感情を爆発させる。野本のカメラは、悲嘆にくれ、怒りをあらわにする家族の姿を写し撮っていく。

それにしてもカザンキラン一家の感情表出のなんと直截的なことか。妻サフィエの慟哭の姿が、わたしにデジャヴュを起こさせる。こぶしを振りあげ、パイプ椅子をたたき、泣き叫びながら身体全体で悲しみを表現するサフィエの姿は、わたしにはなじみのある風景だ。映像だけで声は聞こえないはずなのに、わたしの目には、サフィエが「哀号《アイゴー》、哀号！」と嘆き悲しんでいるようにしか見えないのだ。サフィエの姿は、わたしの知る在日一世のハルモニたちの感情表現を彷彿させる。不自由な日本語で日本国を糾弾するカザンキラン一家の、あまりにもストレートな感情表出は、日本人よりも朝鮮半島出身の人たちのそれに近いのかもしれない。こうした直接的な激情を目の当たりにして、どのように対応していいのか戸惑っている日本人支援者たちの表情もカメラは見逃していない。わたしは想像するのだが、野本はここで初めて「他者」と出会った自分を自覚したのではないだろうか。野本の独白として、スクリーン一杯に映し出された「ぼくは、一番近いところにいた傍観者だった」という文字が、そのことを物語っているように思える。

このドキュメンタリー映画の真骨頂は、監督が「傍観者」から「探求者」になるために、日本を飛び出してカザンキラン一家の出身国であるトルコ、そして最終的に家族を受け入れた第三国まで一家を訪ね歩いたフットワークにありそうだ。軽い好奇心によるカザンキラン一家との出会いという「偶然」を、難民を産み出すグローバルな構図を自らの目で確かめるという「必然」に変容させていく成長のプロセスそのものが、メインテーマになっているからだ。ひょんなめぐり合わせで「難民問題」に出くわしてしまった日本人の若者が、無知なまま、かなり無謀に未知の世界に足を踏み入れる。そして異文化・異言語の真只中で、監督が耳にし、目にするのは、一筋縄ではいかない世界の現実という迷宮だった。

国家を持たない少数民族

映画の題名である『バックドロップ・クルディスタン』について少し見ていきたい。どうも最初のバックドロップということばは、掛詞《かけことば》になっているようだ。バックドロップには、英語の「背景」という意味のほかに、レスリングやプロレスで使われる「投げ技」という意味もあるらしい。からきしこの手のスポーツに疎いわたしには、バックドロップなる技がどんなものなのかよくわからず、監督が『バックドロップ・クルディスタン』という題名にどんな想いを込めているのかが、いま一つよく理解できていない。それでも掛詞のもう一つの意味「背景」については、題名の後半部分のクルディスタンの現況を説明することばとしてよく理解できる。映画館で購入したプログラムに、「クルディスタンを巡る状況」としてその辺のところが簡潔に説明されているので、少し長くなるがここに引用しておきたい。

クルド人は国家を持たない世界最大の少数民族といわれ、その数は二〇〇〇万～三〇〇〇万人と推定されている。紀元前八世紀にイラン高原でメディア王国を建国したインド－ヨーロッパ語族のメディア人が祖先だと伝えられているが、そのメディア王国は紀元前六世紀の半ばにペルシャ人によって滅ぼされる。以後クルド人は、その地理的状況から常に周辺諸国の争いに巻き込まれてきた。第一次世界大戦後、それまでクルド人が居住していたオスマントルコはイギリスを中心とした連合国軍に敗戦し、崩壊。一九二〇年に結ばれたセーブル条約により一度はクルド人国家の樹立が決定されたが、トルコ共和国の建国、イギリスをはじめとした欧州諸国の思惑もあり、一九二三年のローザンヌ条約でその決定は覆された。その結果、クルド人が「クルディスタン」（クルドの土地、クルドの国の意）と呼ぶ地域はトルコ、シリア、イラン、イラクの国境をまたがって分断されることになる。

最大のクルド人人口（全国民の二〇パーセント、推定一二〇〇万～一五〇〇万人）をかかえるトルコでは、建国の父ケマル・アタチュルクがトルコ単一民族主義を提唱したため、一九二三年の建国以来、クルド人という民族の存在を認めない政策を打ち出してきた。近年までクルド語の使用、クルド語による教育、音楽は禁止された。クルド人は「トルコ人」として生きることを余儀なくされている。

その文化的抑圧の反動から、クルド人の中で民族的アイデンティティを醸成する空気が生まれた。一時沈静していたクルディスタン独立運動は、一九八〇年代に入り、武装闘争を主とするＰＫＫ（クルディスタン労働党）の台頭により再び活性化。以後約一五年にわたって、ＰＫＫとトルコ軍との間で激しい武力衝突が繰り返され、その過程でトルコ軍による村落破壊により、多くのクルド人が移住を余儀なくされた。この「無人化政策」によって破壊された町や村は四〇〇〇を超え、国内外へ避難したクルド人は三〇〇万人以上にのぼる。

近年、ＥＵ加盟を悲願とするトルコは、ＥＵ各国からの「クルド人の人権改善」要請を受け容れる形で徐々に規制を緩和。クルド語の使用、放送等が許可され、状況は好転したかに見えた。しかし、クルド問題はトルコ一国内に限らず、周辺諸国の思惑、情勢に大きく左右されるのが特徴だ。二〇〇三年のイラク戦争によりフセイン政権が崩壊し、油田が集中するイラク北部のクルド自治区が経済的に発展。クルド勢力の台頭を恐れたトルコは、二〇〇七年冬、イラク北部に潜伏していたＰＫＫを殲滅するという名目で越境攻撃し緊張状態が続いている。クルドを巡る中東情勢は今も予断を許さない。

このクルディスタンの解説は、監督と撮影スタッフが、必死になってカザンキラン一家の出自をたどりながら勉強したたまものなのだろう。掛詞の「投げ技」のほうの意味合いは読み切れなかったわたしだが、カザンキラン一家をめぐるバックドロップ（背景）を理解するために、生まれて初めて日本を飛び出した監督の気持ちは理解できるような気がする。だが監督の初めての異国への旅は、パック旅行のように予定調和的には進まず、複雑極まる現実を前に混迷を深めるばかりだ。必要に迫られて日本で仕入れた情報（建て前）と、生身の人間の口から出ることばの束（本音）が、どうにも噛み合っていかないからだ。それでも監督は、「無知」の自分をさらけだし、トルコで出会ったクルドの人たちに体当たりしていく。

ロードムービーさながらの撮影旅行

あまりにも当然だが、トルコ、イラク、イラン、シリアの四ヵ国にまたがって暮らす、二〇〇〇万とも三〇〇〇万ともいわれるクルド人が、自分たちの存在を同じように捉えているわけではない。今日の在日と同じように、何世代にもわたって「他郷暮《タヒャン》らし」を重ねてきた民族の受け入れ国（居住地域）への同化の度合いは、世代間あるいは政治的信条によっても異なり、経済格差によってもちがってくる。同時に、同化の進み具合によって、クルド語へのこだわりや実際のクルド語熟達度にも変化が生じている。にわか勉強ではわからなかった現実が、監督にも少しずつ見えてくる。クルド難民を追放する無慈悲な富める国からやってきた監督は、批判の矢面にも立たされる。「無知への旅」の途上にある彼は、イデオロギー的な解釈はひとまず脇に置いて、まずはすべての「声」と「語り」を我が身に引き受け、そのままカメラに収めようとする。とはいえ、実際に足を踏み入れたトルコで、カメラの焦点をあてたクルドの人たちから、近隣諸国の政治地図に翻弄され続けているその存在ゆえに、政治的な側面をはぎ取るのは難しい。監督のカメラは、クルド人人口がトルコ最多の都市ディヤルバクルの街頭で、トルコ警察とクルド人の一群が緊張した面持ちで向き合う現場をとらえる。実はその日は、トルコ政府から「トルコ共和国建国以来の最大の敵」と称されるPKKのオジャラン議長が逮捕された記念日だったのだ。

いずれにせよ、このロードムービーさながらの撮影旅行で特徴的なのは、野本監督の「個人」としての立ち位置だろう。無知で、頼りなげで、へらへらした若者だが、生身の等身大の人間として出会ってしまったカザンキラン一家への、自分でも消化しきれていない「親密感」あるいは「愛着」のようなものに突き動かされて進むドン・キホーテさながらの監督の姿に、観客であるわたしも親近感を覚えてしまうから不思議だ。旅の途中から監督は、トルコで一五ヵ月の兵役（本来は一八ヵ月の兵役）を終えた長男ラマザンと合流し、彼とともに父アーメットの生まれ育った故郷ガズィアンテップを訪ねる。そこで父アーメットに対する親族それぞれの複雑な思いを知ることになる。アタチュルク支持派のアーメットの父親は、「息子のせいで年をとってしまった」と嘆息する。アーメットの行動が、親たちから理解されているわけでも、支持されているわけでもないようだ。アーメットには、決められた枠の中にはどうにも収まりきれぬエネルギー、あえて形容するなら反骨精神のようなものがあるのかもしれない。そうした過剰な反骨心が、家族との間に軋轢を生じさせていたとしても不思議ではない。アーメットのその一直線のエネルギーが、ときとして暴走してしまったであろうことも容易に想像できる。アーメットの強制送還の理由として、彼の虚偽の証言があげられている。アーメットは、日本政府に政治難民として認めてほしいがために、トルコで直接的な政治的迫害を受けていたと嘘をついてしまったのかもしれない。

「こんな法律でどうやって幸せになれる?」

監督のガザンキラン一家を訪ねる旅はトルコだけでは終わらない。トルコ政府からラマザンに、やっと第三国への出国許可が下りたのを機に、今度はラマザンとともに、カザンキラン一家が住むニュージーランドに向けて飛び立つ。父アーメットと兄ラマザンが強制送還された後、日本に残された五人は、一年後に第三国であるニュージーランドにすでに飛び立っていたのだ。アーメットも、その経緯は明らかにされていないが、かの地で五人に合流していた。そして監督は、何年ぶりかのカザンキラン一家の「家族再会・再統合」という、至極パーソナルな場面の立会人となっていく。ニュージーランド政府が用意したであろう家族の住居は、日本でのアパート暮らしとは比べものにならないほど立派な庭付きの一戸建てだった。ラマザンの弟や妹たちは地元の学校に通い、カザンキラン一家は日本では求めても得られなかった穏やかで安定した生活を、南半球の地でやっと手に入れることができたようだ。すでに一家は新しい定住地で、同じクルド人のネットワークへの仲間入りも果たしていた。

画面には、クルド人仲間とクルドの新年祭「ネブロズ」を祝う家族の姿が映し出される。そして、埼玉県蕨市の「ネブロズ」からはじまった、監督の「傍観者」から「探求者」への旅も終盤を迎える。空港での別れ際に、アーメットは監督に向かって忘れかけた日本語で「悪いのは日本のシステム、世界中のシステム。ニホン人も悪くない。クルド人も悪くない。どの民族だって悪くない」と叫ぶ。だが実は、アーメットが名指しした「悪しきシステム」のことなど知らなくてもノンシャランと生きてこられた自分、世界で起こっていることを知らなくても別段困りはしなかった自分、そういった自分自身の位置づけへの気づきがあったからこそ、監督は未知の世界への一歩を踏み出したのだ。

日本でのほほんと暮らす自分と日本を追放されたアーメットとラマザン、カザンキラン一家を追い出した日本と受け入れたニュージーランド、このシステムのちがいはどこからくるのだろうか。こうした問いへの答を、監督が手にしたかどうかはわからない。また二〇〇五年の記者会見の席で、父と兄の強制送還を知った長女ゼリハが、日本人に向かって突きつけた「こんな法律でどうやって幸せになれる？　日本人は世界で一番かわいそうな人間！」という問いかけに、きちんと反論できるだけのものを、監督が旅を通して得たかどうかも定かではない。それでも、カザンキラン一家という他者に出会ってしまったことで、それまでは取り立てて日本人である自分に疑問をもっていなかった監督が、システムとしての「日本国家」という他者に出会ってしまったことはたしかなようだ。野本大監督のドキュメンタリー映画『バックドロップ・クルディスタン』は、「在日」を意識的に生きたいと思うわたしに、荒削りながらも、さまざまな思考の材料を与えてくれた。そして、日本だけでなく世界の近現代史からも遠ざけられて育ってしまった日本の若者に対するほのかな「希望」を抱かせてくれた。「知らないこと」から逃げ出さずに、「知りたい」という欲求に真摯に向かう監督の姿勢が、わたしに希望を与えてくれたのだ。なによりも、二〇〇四年以降、まるで抜けないトゲのように思い出すと疼いていた、わたしの長年の気がかりであったカザンキラン一家の「その後」を伝えてくれたことに感謝したい。

日本の中のクルド人問題

わたし自身も野本監督と同じように、「クルド人問題」に関しては、まったく無知であったことはすでに述べた。ジャーナリスト中川喜与志が、現代世界において最も深刻で、おそらく最も分かりにくい民族問題の一つである「クルド人問題」の基本概説書を、二〇〇一年に『クルド人とクルディスタン』(南方新社)として世に問うている。その中で彼は、日本でクルド人のことが十分に知られてこなかった理由の一つをつぎのように書き記している。

まず、クルド人が暮らす中東地域が日本から地理的に遠いということ。日本人は一般に中東世界の動きにとにかく疎い。石油の輸入先として重要な地域なのだろうが、「イスラム教だのアラブ世界だの、スンナ派だのシーア派だの、怖そうなイスラム原理主義だの。何が何だかよくわからない」というのが一般の日本人の中東に対する認識にちがいない。筆者はイランがアラブ人の国だと勘ちがいしている何人もの人に出会った（もちろん、イランはアラブ人の国ではない。ペルシャ人の国だ）。そこへもってきて、「クルド人」という聞き慣れない名称を聞いたところで、一般の日本人にはピンとくるはずもない。

中川は著書の中で、日本のマスメディアの「クルド人問題」に対するおよび腰を「日本の新聞やテレビは、湾岸戦争後、明らかな誤りを含んだクルド報道を散発的に流し、また、その報道には、関係国、特にトルコ政府の公式発表が無批判に取り入れられていた」と、批判している。それでも一九九〇年代半ばから、日本の状況が少しずつ変わりはじめたとも述べている。その変化の要因の一つが、まさにカザンキラン一家の例が示すような、クルド難民の日本への流入だと指摘する。日本の入管当局は情報公開を一切しないので、正確な件数は推測の域を出ないとしながら、当事者と支援者の情報から、一九九六年から二〇〇一年までの間のトルコ国籍クルド人による難民申請件数は二〇〇件を超えていると見ている。続けて中川は、日本で暮らすクルド人の数はその後もふえ続け、二〇〇一年現在で、すでに四〇〇〜六〇〇人になっているはずだと語るのだ。

ではなぜ地理的に遠い中東から、クルド人が日本にやってくるのだろうか。彼は、一九八四年よりクルド人の民族自決権を掲げて、武装闘争を続けているPKKとトルコ治安部隊の闘争が背景にあると指摘している。前述のクルディスタンの解説にあったように、クルド人が多く住むトルコ南東部で、地域のクルド人たちから熱狂的な支持を受けるPKKの活動に危機感をもったトルコ軍が、PKKゲリラ支持の村々を一掃する「無人化政策」という作戦行動を取った結果だというのだ。一九九二年から九五年にかけて、破壊され無人化された村や町の数は三千を超え、故郷を追われたクルド人は三〇〇万人近くに達したという。その中には、ヨーロッパ各国へ避難した人たちもいる。ところが、近年のヨーロッパ各国の外国人排斥あるいは入国規制の動きを懸念して、一部のクルド人が、たとえはるか彼方の地であっても、ビザなしで入国できる数少ない民主主義の国「日本」を目指したというのだ。そして彼は、難民としての地位を求める最大のエスニックグループであるトルコ国籍クルド人を、日本の出入国管理体制を揺るがす存在として位置づけている。とすると、一九七〇年代のインドシナ難民（ボートピープルとも称される）の存在が、日本の入管体制を大きく変えたように、クルド難民の存在が再び入管体制を変えることもありうるわけだ。日本人は出入りすることのない出入国管理事務所に、再入国許可を得るために足を運ばざるをえず、日本の出入国管理体制の対象になっている在日のわたしが、カザンキラン一家の「その後」がずうっと気にかかっていたのも、この辺に理由があるのかもしれない。

「その後」のその後

カザンキラン一家の定住地になったニュージーランドに、実はわたしも一九七〇年代半ばの若かりし頃、一年ほど暮らしたことがある（当時は、日本への再入国許可が一年間で切れてしまうため、一年以内に日本にもどらざるを得なかった）。農業立国だけあって、ニュージーランドは自然が豊かで美しい国だった。いまでもその美しい自然環境はそのまま維持されているようだ。また、世界で最初に女性に参政権を与えたお国柄でもある。そんな南十字星が輝く国が受け入れ国となり、カザンキラン一家の「その後」が気がかりだったわたしも一安心だ。おとぎ話だったら、ここで「めでたし、めでたし」で終わりになるのだろうが、現実はどうだろうか。カザンキラン一家の日常はニュージーランドという新天地で営まれ続けるのだ。だからこそ心配性のわたしは、野本監督のドキュメンタリー映画が見せてくれたカザンキラン家の一人ひとりの、「その後」のその後が気にかかってしまう。

「その後」のその後を考えながら、わたしはトルコ系ドイツ人のファティ・アキン監督の『愛より強く（原題：壁に向かって）』（二〇〇四年）という映画を思い出していた。二〇〇四年二月のベルリン映画祭で、「金熊賞（最優秀作品賞）」を受賞した、このトルコ系ドイツ人の悲恋物語を扱った作品は、ドイツに移住したトルコ人の移民受け入れ国での生きがたさを描いている。厳格なイスラム教徒である父親の監視から逃れるために、同じトルコ人移民男性チャヒトと偽装結婚した移民二世の女性シベルの悲劇が物語になっている。父の呪縛から逃れるためだけの結婚だったはずが、いつしか孤独な二人の間に特殊な感情が芽生えはじめる。それでもシベルは妻になっても奔放な生活をやめることができず、ついにチャヒトは妻の浮気相手の一人を誤って殺してしまう。夫の服役終了を待ちきれずにトルコにもどってしまったシベルだが、彼女のこわれた精神状態は元にもどることがなかった。

そしてまたわたしは、イスラム教徒を移民として受け入れたヨーロッパの国々で起きている「名誉の殺人」についても思いをめぐらしてしまう。二〇〇二年一月二一日、スウェーデン中部の都市ウプサラで、二六歳の女性が実の父親にピストルで殺されるという事件が起こった。殺されたのは七歳のとき両親と一緒にトルコからスウェーデンに移住した、ファディメ・サヒンダールというクルド人女性だった。スウェーデンで教育を受けたファディメは、勉学を続け、キャリアを持ち自立した生活を目指していた。だが彼女の自立した生き方は、クルド人の伝統的な価値観とは相容れず、父親を筆頭とした親族の男たちから迫害を受ける。彼女が二二歳のとき、スウェーデン人の恋人をもったことが男性親族の逆鱗にふれ、たびたび彼らから暴力を受けるようになる。それでもファディメはめげず、同じような境遇に置かれた女性たちを代弁したいという気持ちもあり、裁判に訴え、TVや新聞のインタビューにも応えた。一連の彼女の行為が、サヒンダール家の「名誉」を傷つけたという理由で、ファディメは母親や妹たちの目の前で父親に撃ち殺されてしまう。いまでも、パキスタン、インド、バングラデシュ、エジプト、トルコ、モロッコなどの国で「名誉の殺人」という、なんとも理不尽な悲劇が繰り返されているという。

もちろんわたしはここで、カザンキラン家の男性たちが、いずれは三人の娘たちを暴力的に扱うようになるだろう、などと短絡的な予測を立てているわけではない。そうではなくて、『バックドロップ・クルディスタン』からも見て取れる、男と女の固定化された位置関係もきちんと見ていく必要があるということをいいたいのだ。野本監督のつくったドキュメンタリー映画は、やはり「男たちの物語」としてわたしの目には映る。クルド人を訪ねてトルコまで足を延ばした監督だが、そこでクルド人女性たちの密やかな声を拾い集めることはできなかった。

クルディスタンの女たち

野本監督と同じように偶然に導かれてクルディスタンと出会い、そしてまた監督と同じように自らの意思でクルド人と向かい合うことを選んだ日本女性がいる。その女性、松浦範子は自分のトルコでの経験を『クルディスタンを訪ねて』（二〇〇三年）に書き綴っている。

一九九六年の夏、松浦は友人と一緒にイラン国境に近いトルコ東部の町ドウバヤズットを訪れた。トルコの絨毯織りの女性たちを取材し写真に撮って、一冊の本にするという夢に向かっての旅だった。友人が文章を書き、彼女が写真を撮るという段取りだったのだが、その町でのできごとが彼女のその後の人生を変えた。トルコのクルド人のことなどほとんど何も知らない二人は、トルコ人の警察官にナンパされ、まったくの興味本位で装甲車に乗り込みドライブを楽しんでしまう。「本物の装甲車に乗って一般道を走るなんて、めったにできることじゃない！」などと、能天気にはしゃいだ二人なのだ。ドライブの後、当然のように夜も付き合うように警察官にしつこく誘われるが、そこでやっと自分たちの行動がいかに危険と隣り合わせであったかに気づき、必死の思いで誘いをかわして逃げ切ることができた。平和ボケした若い日本人女性の軽率な行動に弁解の余地はないだろう。だがこのできごとが、松浦にさまざまな覚醒をうながすことになる。深い自責の念にさいなまれた彼女は、自らの行いを反芻しながらつぎのように書き留める。

私はこの一件があってはじめて、平和と戦争、軍隊と兵器の存在についてなんら深く考えることもせずに生きてきた自分に気づいた。そして、装甲車に乗って喜んでいた愚かな自分に強烈な差恥心と嫌悪感、憤りを覚えるようになった。あの鉄の塊は、人を殺す目的でつくられた。人殺しに向かう者たちの乗り物ではないか。静かなクルド人の町を轟音を立てて突き進み、私たちに笑顔を向けてくれた純朴な人々を脅かし続けてきた代物に、どうして面白半分で乗り込むことができよう。たくさんの人々を殺戮するための道具でしかない銃や装甲車を、ただの好奇心で、興味の対象としてしか見られなかった自分は、なんと恐ろしい考え方の持ち主だったのだろう……。

それ以降、クルド人とクルディスタンの存在は、彼女の生き方に強い影響を与え続ける。少しずつ情報を集めていく過程で、迫害にもへこたれずに、明るくたくましく生きる彼らの日常に触れ、歴史に刻まれることのない彼らの声を聞きながら、その飾らない表情に光を当てるような写真を残したいと思うようになっていく。こうして彼女のトルコ通いがはじまった。

クルド人の女たちの存在は、旅の初めから松浦の視野に入っていた。ドウバヤズットの町を歩き回り、「日中、この辺りで出会うのは女や子どもばかりだ。体格がいいせいか、威張って見える大人の女たちは、男のいない場では非常にたくましく、よくしゃべる。旦那の前では、多くの女が撮影を断るくせに、女だけになると、『ほら撮っておくれよ！　次はあたしの番だ！』と凄まじい。写真を撮りにやって来た私のほうが遠慮したくなるほどだ」

と、女たちの声と姿を記録していく。また、クルド人の多く住むトルコ南東部の町を訪ね歩く間に、クルド人同士の複雑な力関係も理解するようになる。何度も足を運ぶうちに、まるで家族のように親しくなったクルド人もいる。でもだからこそ、彼らに迷惑をかけないためにも、アジャ（密告者）やコルジュ（トルコ軍に協力して破壊活動をする村落防衛隊）の動向に気をつけなくてはいけない。同じクルド人同士が憎み合い、殺し合うことで、けっきょくはトルコ政府を利してしまう構図に、彼女は胸を痛める。そんな中で、彼女は自分にできることは何かと問い続けながら旅を続ける。たま

（写真撮影：松浦範子『クルディスタンを訪ねて――トルコに暮らす国なき民』より）

たま同じ長距離バスで一緒になったクルド人女性のことばが、そんな彼女を支える。

「トルコ政府が封印しようとしている現実は、あまりにも悲惨なものよ。この土地に何が起こっているかを、日本で、いえ世界のどこででも構わないから、伝えてちょうだい。それはきっと、わたしたちにとって希望の光となるわ」

松浦は著書の四章で「愛しい人々」という項をもうけ、彼女にとって家族のような存在になってしまった（イラクとの国境に近い小さな町）シュルナックに住む、ドーガン家の人たちとの触れ合いを綴っている。彼女の紹介するドーガン家の家族構成はちょっと複雑だ。すでに他界した家長の二人の妻ファトシュとデニズ、デニズの産んだ四人の息子、そして長男ラファイの娘シュクラン夫婦とその子どもたち（男女一人ずつ）という一〇人家族だ。松浦をこの家に招いたのは、亡くなった父親に代わり家計を支えている長男ラファイ。そして家事一切を取り仕切っているのは、結婚後も家族ともども実家で暮らす働き者の二五歳になるシュクランだという。

ドーガン家で居候する間の松浦は、家の中で女たちのそばに座り、お茶を飲みながら、日記をつけたり本を読んだり、トルコ語の勉強をしたりと彼女のことばを借りると「まったり」とした時間を過ごしていた。ほんとうは外に飛び出して写真を撮りまくりたいのだが、ここはクルディスタン、外国人の自分がうろちょろしたのでは面倒を起こしかねない。周りの「愛しい」人たちに迷惑はかけられない。そんな「自宅軟禁」状態の彼女の視線は、自然と家族のありように向けられる。ドーガン家の男たちの様子もだんだんと見えてくる。彼女は自分の観察したことを、「石炭を採掘する会社を経営する長男と、今はその手伝いをするようになった三男だが、二人ともあまり家にいることがない。仕事から帰っても、すぐに外へ出て行ってしまうし、もどってきたかと思えば、そのうちにまたいなくなる。どこに行っているのやら、老いも若きも、男は自由に外を出歩き回るものらしい」と、書き留めるのだ。

そして同時に、家族という「親密圏」に入り込んだからこそ見えてきたのは、クルド人女性たちの生きがたさだった。イスラムの世界では、女は男に守られるべき存在であり、女が外に出て収入を得ることなど許されてはいない。それにこの地方では、男が女を殴ることは恥ではないのだという。彼女は、ドーガン家でのタップリの時間を、ことばの通じ合うシュクランとのおしゃべりに費やすことが多かった。シュクランは地元の人間でない彼女に、少しずつ本音を語るようになっていった。シュクランの「身世打鈴」の響きは深く重たい。

「ノリコのような人のことは、ちょっと羨ましいとは思うけど……。でも私にはお金もないし、だいたい一人で旅行するなんて恐くてできないわよ。クルド人はね、男は外に出て働き、女は家を守るの。夫を支え、子どもを育て、きちんと家事をこなすのが、女の役割なの」

「女は損よ。何をするにも夫の許可がいるし、勝手なことをすれば殴られる。でも、こんな人生まっぴらだと思ったところで、どうしようもないの。もしも妻が離婚を迫ったりしたら、夫はただではおかないでしょうし、世間や家族は許してはくれないわ。子どものことを思えば、なおさら無理よ。それなのに、夫のほうから離婚を持ちだすのは構わないのよ。既婚男性が別の女の人を好きになることも許される。妻を何人ももつこともね。だけど、もし妻に好きな人ができたりしたら、それは大問題よ。夫は、男としての名誉を傷つけられたといって、妻と相手の男を殺しかねないんだから。不貞を犯した妻とその相手に制裁を加えることは、当然だという考えよ。実際にこの町にも、何年か前にそんな事件が起きたことがあったわ。とてもじゃないけど恐ろしくて、浮気なんてできないわね」

「私が結婚したのは一四歳のときだったの。そして一五で息子のマホメットを産んで、一八で娘のユルドゥスを産んだのよ。そんな年齢じゃ、まだまだ子どもよね。でも、うちの母が結婚したのも一四のときだったし、一〇歳で婚約させられる人もいる。ここでは、決して早い年齢ではないの」

「……父に逆らうなんてこと、絶対にできなかった。それが私が結婚した、ただ一つの理由よ」

松浦に気をゆるしたシュクランは、自分の部屋で彼女と二人きりになると、隠してあるタバコを取り出し、火をつける。タバコを吸うと気持ちが落ち着くというのだ。ほかの人にはけして見せることのない、シュクランのもう一つの素顔だった。

松浦は、町で知り合ったギゼンという二四歳の女性の恋のさやあてにも付き合わされる。結婚前のギゼンが、ものの弾みで恋人と性関係をもってしまい大騒ぎになる。それまでは同じベッドに寝ていても最後の一線は越えないように細心の注意を払っていた二人だったのに。お父さんに知れたら殺される、もう結婚できない、早く処女膜再生手術をしなくては、とギゼンは取り乱し、周りの人間を騒動に巻き込んでいく。クルディスタンでも特に保守的だといわれるこの地方では、男尊女卑の考え方が根強く残り、いまでも「女の貞操」が幅をきかせているのだ。でも、たとえどんなに保守的であろうと、愛しいドーガン一家が住むシュルナックの町を、松浦はほかとは比較することのできない特別な場所だと書き記すのを忘れない。

ニュージーランドのカザンキラン一家

ドキュメンタリー映画の端々から読み取れるように、カザンキラン一家の結束は堅い。家長アーメットを先頭に、異国で生き延びるための要塞のような家族関係ができ上がっている。そこでは、家族成員一人ひとりに与えられた役割を担うことが要請される。実際問題、一家の置かれた状況を考えると、それ以外の選択肢があるようには思えない。「家族離散」の瀬戸際で生きてきた家族にとって、必死に自分の役割を遂行することでしか家庭崩壊を防ぐ手立ては見出せなかっただろう。

どんな状況にあろうとも、人間は「食べる」ことで生命をつないでいる。野本監督の映画にも、「食」に関連した場面が何度か出てくる。一番印象に残っているのは、サフィエがクルド人の主食であろう（ナンのような）パンを用意している姿だ。日本のアパートではちゃぶ台の上に、そしてニュージーランドではキッチンテーブルの上に小麦粉を敷き、パン生地を棒で薄くのばしていくのだ。家族のために食事を用意するときのサフィエの表情はおだやかで満ち足りている。まさにこのおだやかな日常を確保するためにこそサフィエとアーメットはともに闘ってきたのだ。そしてまた、父は父として、母は母として、その役割を十全に果たすことが、トルコでも、日本でも、そしてニュージーランドでも、彼らに課せられた役割であると信じているからこそ前に進んでいけるのだろう。

だが、こうした家族のありようは不変なものなのだろうか。トルコで生まれ育ち、クルド文化を継承するサフィエとアーメットにとって「あたりまえ」の家族像が、経済大国日本で何年かを過ごし、現在はニュージーランドで生活する子どもたちに、そのまま継承される保証はない。ニュージーランドで「家族統合」を実現したカザンキラン一家だが、これまでの移民の歴史が示すように、受け入れ国で生活の安定性を確保するに従って、逆説的だが家族の結束は揺らいでいくだろう。映画の中でも、娘たちの一人は日本に帰りたいともらしている。これまでは家族一丸となって闘ってきたがゆえに、一人ひとりの考え方や思いは後景に追いやられていた。やっと安定を手に入れられた今だからこそ、安心して個人の悩みを顕在化させることができるのではないだろうか。

　ニュージーランドが、世界で最初に女性に参政権を与えた国だということはすでに述べた。日本ではキーウィというと、すぐにニュージーランドから輸入された果物を思い浮かべるだろう。だが果物のキーウィは、実は中国原産のマタタビ科の果物「陽桃」がニュージーランドに渡り、今のような形に改良されたもの。わたしが首都ウェリントンに住んでいた頃、「チャイニーズグーズベリー」と呼んでいたのはそんな由来があるからだ。でも、キーウィとは、ニュージーランドの国鳥になっている飛べない鳥のことで、ニュージーランド在住の頃、わたしがよく耳にしたのは「キーウィ・ハズバンド」ということばだ。これはキーウィが産卵後、七〇〜八〇日もかかるふ化期間に卵を温めたり、ふ化後の子育てもオスがすることから、家事や子育てを積極的に担う夫をそう呼んでいる。

　わたし自身の経験も、「キーウィ・ハズバンド」の存在を裏付けるものだった。当時、わたしはニュージーランドの銀行に勤めていて、最初の半年くらい、上司の家庭にホームステイさせてもらった。そこには、すぐに大の仲良しになった五歳くらいのガイという男の子がいた。家庭の主婦である彼の母親は、ガイに毎日のように家事を教え込んでいる。そして、わたしたちの仲良しぶりを見た彼女から、わたしはキツくいい渡されてしまった。「ガイのためにならないから、けして彼を手伝ったりしないでね」と。なーるほど、「氏より育ち」なのだ。ニュージーランドの「キーウィ・ハズバンド」は、DNAのなせる業などではなくて、女たちがしっかりと男たち（息子たち）をしつけてきた成果だったのだ。だがもちろん、これだけでニュージーランドを手放しで絶賛するつもりはない。この国にも、大英帝国の植民地化による先住民マオリ族を抑圧してきた苦い歴史があり、その後遺症がいまだにそこここに残っているのだから。

話を元にもどそう。自分のパートナーとなる男性を選ぶ自由がほとんどなかったトルコを離れて、ニュージーランドで教育を受け、そこで育つカザンキラン一家の娘たちが、同じクルド人以外の男性を選ぶ可能性を否定することはできない。女を殴ることを恥と思わない男ではなく、家事と子育てを当然の義務と考えそれを実践する男を選ぶことは、至極理に適った選択ではないだろうか。娘たちが同じクルド人の男性を選ばなかったら、アーメットやラマザンはどうするのだろうか。アーメットは、その反骨精神ゆえにトルコでは生きがたく、自由を求めて故郷を後にしたはずなのだ。願わくは、アーメットの求める自由が、家族を家長である自分の思い通りにしたいという身勝手なものではなく、一人ひとりの意思を尊重する普遍的な価値をもったものであってほしいと願わずにはいられない。

何層にも入り組んだ暴力

『バックドロップ・クルディスタン』のプログラムに、権香淑《クオンヒャンスク》さんという在日三世の女性が「何故『バックドロップ〜なのか』――『ぼく』の三つの囁きから」という文章を書いていている。その中で権は、ノルウェーの平和学者ヨハン・ガルトゥングの「暴力」概念を紹介している。戦争がない状態が平和ではなく、暴力がない状態が平和だというのだ。その上で、戦争やテロなどを「直接的暴力」、貧困や差別などを含む「構造的暴力」、構造的暴力が制度化された「文化的暴力」があると定義している。そして、雑駁であるがと断ったうえで、カザンキラン一家の故郷であるクルディスタンにこの暴力概念を応用しながら解説を続ける。「クルディスタンの歴史的文脈に置き換えるならば、第一次世界大戦（直接的暴力）後の分割統治による民族の分断と離散、オスマン帝国による長年の占領とホスト社会の国民国家化による社会的な差別問題（構造的暴力）、近年までクルド文化の継承が公的に否定されてきた事実（文化的暴力）と把握できる。この一連の暴力的諸相は、いわば『多国間植民地』たるクルディスタンの歴史であり、現在進行形の現実そのものなのである」と。

なるほど、差別が入れ子構造になっているのと同じように、暴力も重層的な構造をもっているからこそ理解するのが困難なのだろう。でもどんなに複雑であろうと、抑圧や暴力は、より弱いものに向かっていくという特徴があることは肝に銘じておきたい。またガルトゥングは、家父長制を文化的暴力の一つだと考え、直接的暴力と構造的暴力を正当化するものとして文化的暴力を位置づけている。合点がいく。クルド人の女性が、やっとのことで民族紛争やテロという直接的暴力から逃れて第三国で暮らしはじめても、文化的暴力ゆえに十全に生きられないとしたら、その女性にとっての平和は実現されていないということになる。トルコ人からの暴力を逃れてトルコを脱出しても、クルド人の伝統的価値観に従わないという理由で暴力を受けたのでは、いったい何のために故郷を離れたのかわからなくなってしまう。殺される側の女性からすると、トルコ人に殺されようが、同じクルド人に殺されようが、たった一つのかけがえのない生命を奪われることに何の変わりもないのだ。

現在、国民国家の枠組みからはみ出て生きざるを得ない人の数がふえ続けている。それは移民であったり、難民であったりする。最近は「ディアスポラ」や「エグザイル」といった用語が説明なしで使われることも多くなった。また、自ら進んで国民国家の枠から飛び出した人もいるだろう。その中には、複雑化した暴力を自分たちの力で押しのけるだけの資源(財力とネットワーク)をもった人たちもいるにちがいない。だがほとんどの移民や難民は、何層にも入り組んだ暴力にさらされて生きざるを得ないのが現状だ。だからこそ、国民国家の狭間に生きる人たちは覚悟して、「その後」のその後を考え続けなくてならないのだ。

【参考文献】

中川喜与志『クルド人とクルディスタン――拒絶される民族』南方新社、二〇〇一
松浦範子『クルディスタンを訪ねて――トルコに暮らす国なき民』新泉社、二〇〇三
映画プログラム「バックドロップ クルディスタン」バックドロップフィルム、二〇〇八

〈『地に舟をこげ』3号、在日女性文芸協会、二〇〇八〉

物語るわたしたち：Stories We Tell

ほとんどの人には家族の物語がある。このわたしにも。とはいえ家族を再生産しなかったわたしの物語は、生まれ育った「原家族」に限定されている。六人きょうだいの上から三番目、下から四番目のわたしは、子どもの頃から二歳ちがいの二番目の姉といつもつるんでいた。六〇代になった今も「おっとり姉」と「ちゃっかり妹」のコンビは健在だ。二〇年前にアメリカ人の夫を亡くした姉は、ことばの不自由な異国で必死に二人の息子を育て上げ、現在はサンフランシスコ近郊の小都市で下の息子と穏やかな暮らしを営んでいる。そんな姉家族を訪ねるのが、わたしの夏休みの定番になって久しい。

今年（二〇一四年）も一ヵ月弱を姉家族と過ごしたが、例年とのちがいは一番上の姉が今回の旅に加わったことだ。かくして「三婆シスターズ」の「家族ごっこ」が再演されることになった。旅につきもののイベントもそこここに散りばめられてはいたが、基本的には家でまったりと過ごすことが多かった。そんな中で、わたしとはちがい、結婚によって新しい家族をつくった姉たちは、幾層にも入り組んだそれぞれの家族の物語を紡ぎ合うことに夢中になっていた。

そんな姉たちから離れて、わたしは自分の部屋にこもり、日本から持ち込んだ仕事をしたり、図書館から借り出したり、オンラインで注文したDVDを観るという、わたしのアメリカでの「日常」をこなした。日本では未公開あるいは見逃した映画を観ることが、わたしの夏期休暇のルーティン（日課）になっていた。今年は六本のドキュメンタリーと一五本の長編映画を観賞することができた。その内のドキュメンタリーの一本に、「家族ごっこ」真最中のわたしは強く心を揺さぶられた。

二〇一二年に製作されたそのドキュメンタリー映画『物語るわたしたち』（原題：Stories We Tell）は、九月中旬にわたしが東京にもどったとき、渋谷の映画館ユーロスペースで上映中であった。映画は、「監督としても素晴らしい作品を発表してきた女優サラ・ポーリーが、自分の亡き母の人生をたどるドキュメンタリー」などといった風に紹介されている。ただドキュメンタリー映画を、定説どおりに記録映画あるいはノンフィクションだと理解してしまうと、この映画の複雑なつくりに混乱してしまうだろう。まだ映画を観ていない方には、種明かしをしてしまうようで恐縮だが、映画「物語るわたしたち」をめぐるあれこれを書き綴ってみたい。

女性監督サラ・ポーリー

話を進める前に、今わたしが最も注目している女性監督のサラ・ポーリーの簡単なプロフィールを紹介しておきたい。一九七九年に、カナダのトロント市で、イギリス出身の舞台俳優であるマイケル・ポーリーそして女優かつキャスティング・プロデューサーのダイアン・ポーリーの五人の子どもの末っ子として生まれた。四歳から子役として活躍し着実に女優への道を歩んできたが、自らの政治的心情ゆえに作品選びには独特のこだわりがあり、ハリウッドとは一線を画している。二〇歳から監督・脚本家として映画製作に携わりはじめ何本かの短編を発表しているが、二七歳で監督した初の長編映画『アウェイ・フロム・ハー　君を想う』(二〇〇七)が、アカデミー賞脚色賞と主演女優賞でノミネートされ、彼女のマルチタレントぶりを世界に知らしめることになった。

こうして映画界で確固たる地歩を占めつつあるサラ・ポーリーに、二〇〇七年のある日、一人のジャーナリストから一本の電話が入る。これがすべてのはじまりだった。電話の主は、彼女の出生の秘密を公表するといい放つ。ポーリー家では、他のきょうだいとは年も離れ、容貌も父マイケルには似ていない末っ子サラへの、「サラはパパの子じゃない、ママが浮気してできた子」というブラック・ジョークがよく口端に上った。「うそ」であるべきはずの内輪のジョークが、「ほんとう」のこととして万人の前に曝されるというのだ。この家族の一大事を、スター女優の暴露記事として流通させてはいけない、とサラは固く決意する。ではどうするのか。おめおめとマスコミの餌食になるのではなく、監督である自分が「探偵」となって、一一歳のときに癌で亡くなった母の在りし日を探りながら、表現者として自らの出生の秘密も含めて母ダイアンの「物語」を一つの作品にしていくこと。これがサラの決断だった。

母ダイアンの物語

それから五年の歳月をかけ、監督サラ・ポーリーは、母ダイアンと共に生きた人たちを訪ね歩き、彼らの語りに耳を傾け、彼らの姿を撮り続けた。最初の難関は父マイケルに、サラの生物学上の父であるハリー・ガルキンの存在を伝えることだった。衝撃の告白に動じることなく、舞台俳優として数多の物語を演じプロの書き手でもあるマイケルは、長らく手にすることのなかったペンをとり、妻ダイアンと自分の物語を静かに紙の上に再現させていく。もう一人の父のハリーも、彼と愛人ダイアンの秘められた物語を綴りはじめる。かくして、ダイアンと無関係なジャーナリストの一方的な暴露記事ではなく、ダイアンを愛した人たちの記憶に寄り添いながら、母ダイアンの物語を映像化する、これこそが監督サラのすべきこととなった。

映画はマイケルが、カナダの作家マーガレット・アトウッドの『またの名をグレイス』の一節を朗読するところからはじまる。「自分が物語の渦中にあるときは、どう見ても物語の体をなしてなく、ただの混乱。……中略……少しでも物語と呼べるようなものになるのは、後のこと。自分に、あるいは誰かに語っている時に」と。監督サラは、ダイアンの家族、愛人、友人、知人の、それぞれに食いちがう記憶からこぼれだす物語の断片をキルトのように紡ぎ合わせることで、彼女の母ダイアンの物語をていねいに仕立て上げていった。

こうして、まるで万華鏡のように目まぐるしく変わるダイアン像が、わたしたち観客の前に差しだされる。数々の8ミリ映像やフッテージによって、観客はダイアンの人生をたどることになる。医師との最初の結婚で一男一女をもうけるも、恋多きダイアンは子どもを置いて家をでる。その結果、カナダで初の親権を父親側に取られた母親として大々的に報道される。その後、恋した舞台俳優マイケルと新しい家庭を築き一男一女を授かるが、ほとばしるダイアンのエネルギーは与えられた母と妻役割だけでは納まり切れない。情熱的な役者から家計を支える生活者に変貌した夫に対するダイアンの気持ちにさざ波が立ちはじめる。女優の夢を追い続けるために、家族をトロントに残し、単身でモントリオールに向かい舞台に立つ。ダイアンの友人の話から、共演した三人の男優の一人がサラの父親ではないかとの疑念が浮かぶ。探偵に徹した監督サラは、疑わしき三人に一人ずつダイアンとの関係を問い質す。だが多くの証言の後に、サラの生物学上の父親はその三人ではなく、映画プロデューサーのハリーであることが判明する。監督サラのマイクとカメラは、当然のようにハリーに向けられ、ハリーは淡々とダイアンとの秘められた親密な関係を語りだす。

家族や友人が物語るダイアンには、オーラがあり活気にあふれている。時にそのアドレナリン全開の奔放さが、周りの人間を巻き込み波風を立てることもあるが、結局はだれもがダイアンに魅了され、あるがままの彼女を受け入れてしまうのだ。スクリーンに映しだされるのは、そんな若き日のダイアンの姿だ。

フィクションとノンフィクションのあわい

こうしてドキュメンタリーの手法を駆使して物語は進むのだが、観客にもこの映画が完全なノンフィクションでないことが見えてくる。ダイアンが写る映像に、監督のサラがカメラを回す姿が写っているのだ。俗にいわれる「やらせ」の場面が、これみよがしにスクリーン上に映しだされているからだ。観客が目にしてきたダイアンの姿は、実は監督が女優に演じさせ、古い8ミリ映像のように加工したものが大半なのだ。ポーリー家のノスタルジックな映像はプライベートフィルムがそのまま使われているが、その他の映像のほとんどがフィクション（つくり物）なのだ。このことからも、監督サラの関心が、母ダイアンの「真実」に迫り、自らの出生の真相を解明（ドキュメント）していくことにあるのではなく、映画の原題「Stories We Tell」に込められた「物語るわたしたち」そのものにあることがわかってくる。

ただここで、英語の原題と日本語訳の微妙なズレに注目しておきたい。日本語は、「わたしたち」を説明することばとして「物語る」が使われている。しかし英語の原題の方は、「物語」を説明するために「わたしたちが語る」ということばが添えられているのだ。そして「Stories」と複数にすることで、「物語」が一つではないことが示唆されている。つまり、「わたしたちが語る物語たち」なのだ。おなじ家族であっても、母ダイアンについて語る物語はそれぞれちがっている。だれかについて語るというのは、実は自分自身について語っていることでもあるからだ。語り手の数だけ、物語があるともいえる。そしてまた、物語には「語り手」だけではなく「聞き手」も必要だ。こうして語り手と聞き手が相互行為することで、物語は少しずつ変化していく。またときには、語る自分の物語を聞きながら、自分の物語に修正をほどこしていく。物語を介して人と人の関係が変化していく様が、この映画の中でも描かれている。

まず監督サラには、幼いときに失くしたため多くの記憶を持たない母ダイアンの物語を、家族や友人たちのそれぞれに異なった記憶をたよりに、最新技術の助けを借りながら、再生・再現させることが必要だった。こうして自らが「聞き手」になり、「語り手」にダイアンの物語を語らせることで、亡き母と今の自分の新しい物語の可能性を探っていったにちがいない。

だが母ダイアンの物語を主軸に据えながらも、サラの中で一番大きな位置を占めていたのは父マイケルの存在だ。ダイアンが他界した後、サラはマイケルと何年間かを二人だけで暮らしている。濃密な時間を共有したことで、サラと父マイケルの間には絶対的な信頼関係が築かれていった。演じることも、カメラを回すこともすべてマイケルから教わった。DNA鑑定によって、突然「ほんとう」の父が確定されたところで、マイケルが「うそ」の父親に格下げされることはないのだ。このサラとマイケルの信頼関係なくしては、映画「物語るわたしたち」がつくられることはなかっただろう。

監督サラは、ナレーションを担当するマイケルに、プロとしての力量を要求し何度もダメだしをする。映画のプロの執拗な要求に、マイケルもプロとして応答する。深く父マイケルを尊敬するサラは、一切の手加減をしない。マイケルのプロ魂を極限まで引きだそうと必死になる。映画はマイケルによる、チリの抵抗詩人パブロ・ネルーダの詩の一節の朗読で幕を閉じる。「あんなに短い愛だったのに、忘れるには永遠の時がいる」と。マイケルのナレーションではじまりそして終わるこの物語の、主要な「語り手」は父マイケルであることが見えてくる。サラとマイケルは、一緒にダイアンの物語をつくり上げることで、自分たち自身の物語を大きく変えていったのだ。ここまで来て気づくのだ。実はこの映画は、「ほんとう」の父ではないとされてしまったマイケルへの、娘サラからのラブレターであることを。

カナダの映画産業事情

もう一つこの映画を可能にした、カナダ的ともいえるメディア・映画業界事情といったものにも触れておきたい。件のジャーナリストは、出生の秘密を公表しないでほしいというサラの懇願を素直に受け入れてくれたのかどうかは定かでないが、いずれにせよ映画発表以前に、サラ・ポーリーの出自がマスコミで取りざたされることはなかった。これが「生き馬の目を抜く」アメリカのメディア業界であったなら、どうであっただろうかとの疑問が湧く。

それから、サラ・ポーリーの映画製作を資金的に支えていたカナダ国立映画製作庁(National Film Board of Canada)の存在も忘れてはならない。監督サラは、映画製作の題材そのものが彼女自身の家族そして生い立ちに直に触れるものだったので、フィクション映画製作の何倍もの精神的疲労があったことを吐露している。何度も製作中止の衝動に駆られたそうだ。そんなとき、カナダ国立映画製作庁のスタッフは「少し時間を置いて、また製作現場にもどればいい」と、励ましたという。その一時中断の間に、二本目の長編映画となるミシェル・ウィリアムズ主演の「テイク・ディス・ワルツ」(二〇一一)が撮られ、高い評価を受けた。カナダは良質なドキュメンタリー(とりわけ教育関連)を数多く産出している。あるインタビューでサラは、カナダの映画業界の製作者同士が学び合い協力し合う気質は、他の国では見られないものだと述べている。彼女が、「時は金なり」を旨とするハリウッドとは一定の距離を保っている理由が、こんなカナダの映画業界の風土にあったのかと納得する。

わたしの家族の物語

さて、今度はわたしの「家族の物語」に話をもどそう。すでに終刊した『地に舟をこげ』（二〇〇六～二〇一二）という在日女性の文芸誌に携わっていたとき、「家族ごっこ」というエッセイを書いたことがある。「おっとり姉」が夫を亡くした後、「ちゃっかり妹」がアメリカに駆けつけ、生活再建に向けて、五日間の不動産探し旅を決行したことがある。その弥次喜多顔負けの珍道中の顛末を描いたのだ。他の編集委員からの評判も良く、ゲラの修正も済んだところで、姉から「待った！」がかかった。姉のいい分は、「わたしの物語を勝手に人様にいいふらさないで！」だった。姉の強い反対で、わたしは泣く泣くその原稿の発表をあきらめた。「物語るわたしたち」を観てから、そのときのことを思い出していた。

監督サラ・ポーリーの映画を観たからこそ理解できたこともいくつかある。あのエッセイを書くことでわたしは、これまでの固定化した「おっとり姉」と「ちゃっかり妹」の物語をつくり変えたかったのだと思う。突然、夫を心臓発作で失った姉は、おっとりしたままでは異国で生きのびることはできなかった。姉は目を見張るように変わっていった。そんな姉の変化を目の当たりにして、わたしは頼まれもしないのに勝手に姉の物語の「語り部」を気取っていたようだ。血のつながりがあたりまえのように「ほんもの」の関係を生むわけではなく、意思をもって語り合うからこそ、そこに関わりが生まれ、信頼関係が築かれていくのだ。サラとマイケルのように。わたしの失敗は、本来「語り手」と「聞き手」の相互行為であるはずの物語づくりを、あまりにも「語り手」になることを急いでしまい、「聞き手」の存在をないがしろにしてしまったことにある。サラはあるインタビューに応えて、この映画を観た多くの人たちに、自分自身の家族について考え、それぞれの物語を語り合ってほしいと述べていた。わたしもこのへんで気をとり直して、姉の語りに耳を傾け、じっくりと語り合い、わたしの家族の物語に再チャレンジしてみようかと思いはじめた。

すでに監督サラ・ポーリーの次回作が決まったようだ。なんと父マイケルが朗読したマーガレット・アトウッドの代表作品の一つ『またの名をグレイス』の映画化だ。表現者としてのサラ・ポーリーのこだわりは、まだまだ「うそ」と「ほんとう」のあわいを揺れ動く人間関係の複雑さを描くことにありそうだ。監督サラのカナダへの強いこだわりにも拍手喝采をおくりたい。この若き才気あふれた映画人は、残されたわたしの人生に、フィクションとノンフィクション両方の手法を使いながら、素晴らしい映画の数々をプレゼントしてくれるだろう。サラ・ポーリーの映画を見続けるために長生きするのもわるくはない。

〈『女性の安全と健康のための支援教育センター通信43号』、二〇一四年一一月〉

終章　「自分時間」を生きる

今年（二〇一九年）五月下旬からの三週間近くを、わたしは韓国で過ごしてきた。来年、短期語学留学を計画しており、その下調べが目的の旅だった。韓国語をどこで学ぶのか、住居をどうするのかなど、生活のおおよその目途をつけておきたかったからだ。ところがこの旅の目的は、なんとソウル到着の翌日に、すべてクリアできてしまった。

これはひとえに韓国の母方の親戚の助力に負うところが大きい。すでに通信の中で、わたしは母の死が韓国の親戚との関係再開を促したことに触れ、「映画が映す朝鮮半島の悲哀」（『女性の安全と健康のための支援教育センター通信53号』、二〇一七年六月）では、新たに紡ぎはじめた彼らとのやりとりの一端を書き綴ってもいる。今回の韓国滞在では、前回以上に彼らと濃密な時間を過ごすことになった。親戚の「情《ジョン》」の厚さ・熱さに、ただただ感じ入る日々だった。そんな中で、わたしの知らなかった母の側面を発見することもできた。脳裏には、死してなお「反面教師」としての母の姿が居座っている。「母」は韓国語で「オモニ」。でもわたしには、「重荷」としての母がいた。そんな母を懐かしむ親戚の語りによって、母がわたしの重荷《オモニ》になる前に、一人の人間として生きていた事実に思いを馳せることもできるようになった。

在日として、差別の残る日本社会で、わたしは息苦しさをかかえながら生きてきた。マイノリティゆえに、家族が互助組織の役割を担い、その絆なくして生きるのは難しい状況があるからだ。必然的に、こうした家族の有り様をいかに相対化していくかが、わたしの人生の大きな課題になっていった。だが何年間かを、家族を絶対視しない欧米文化圏で暮らすことで、理屈上では家族を相対化できるようにはなった。とはいえ、家族の助け合いは、未だ多くの在日にとって暗黙の前提のままだ。そうした現実が、わたしの生活に今も尾を引いている。

上記の書き出しの口調からもわかるように、今回の「映画のような旅」は、これまでにも増してわたしの個人史に分け入っていくことになりそうだ。通信51号の「映画のような旅⑨」（前掲『通信』、二〇一六年一〇月）で、わたしは在日の友人サキちゃんのルーツ探しの物語を紹介した。多くの在日にとって、「民族」ということばは、強い磁気を帯びてしまっている。そこで今回は、わたし自身のルーツとされる韓国での見聞を反芻しながら、そして自分史を行ったり来たりすることで、在日であるわたしにとっての「民族」そして「家族」の意味を探っていきたいと思っている。

「自分時間」とは

いつ頃からだろうか。「ああ、わたしは『自分時間』を生きているんだ」と、自覚するようになったのは。ここでいう「自分時間」は、他者に患わされない「自分のためだけの時間」を意味しない。そうではなく、標準化されたライフ・ステージを踏襲せず、自分独自の人生の時間軸に沿って時を刻んでいるという意味で使っている。振り返ってみると、在日社会で許容される女のライフ・コースから、大きく外れて生きてきたわたしがいる。

拡大家族の枠内で生きざるを得なかった在日二世・三世の女たち。絶対的な力で、在日の女に課せられた結婚と出産というライフ・サイクル。それを拒否したわたし。慣習や常識に抗うには、それなりの策略が必要だ。物心ついた頃には、人生を「逆算」して考えるようになっていた。「……をしないためには」何をすべきかと。「結婚しないためには」、自分の力で食べていかなくてはならない。「自分の力で食べていくには」、手に職をつけなくてはなどと。大学生になったのは三四歳。一番「老い」を感じていたのは二八歳と、ズレ方も半端ではなかった。

一〇代の後半、若き在日の望ましきライフ・コースとして、韓国留学があった。「母国」で「母国語」を習得することで、「民族的」アイデンティティを確立するという暗黙の前提があったように思う。民族学校の同級生の何人かは、このコースを選んでいる。留学後に韓国の男性と結婚した友人も多い。留学生同士の結婚も歓迎されていた。

でもわたしの人生の選択肢に、韓国留学はなかった。得体の知れない「民族的」なるものへの恐れが、わたしを「祖国」であるべき韓国から遠ざけた。「民族」という響きのおどろおどろしさに、身がすくんでもいた。当時のわたしは、こんなことを考えていたようだ。民族の維持には、その民族に帰属意識をもつ人間の再生産が必要だ。朝鮮・韓民族の存続には、朝鮮・韓国人を産み続けなくてはならない。民族と家族は入れ子構造になっていて、民族維持に都合の良い家族形態は、家父長制家族とされている。そして家父長制家族を許容してしまうと、女であるわたしは、母のように生きざるを得なくなる、と。

実際のところ、家族の枠内でしか生きられない当時のわたしには、「民族」は蟻地獄のようなものとして映っていたのだろう。一旦足を踏み入れると、二度と這い上がることのできない暗く大きな穴のようなものとして。在日への差別と同じくらい、女性への差別に憤っていたわたしは、「民族的」なるものに埋め込まれた家父長制に、歯を食いしばって抵抗していたのかもしれない。

だからといって、在日としての自らの出自を恥じていたわけでも、韓国が嫌いだったわけでもない。貧しい生活は嫌だったが、その貧しさが身を粉にして働く父や母のせいだけではないことにも薄々気づいていた。日本社会の在日差別が、我が家の困窮にも見え隠れしていたからだ。当時も今も「チョーセン人」は、侮蔑の対象なのだ。両親が朝鮮半島出身だから、わたしも「チョーセン人」。でも日本で生まれ育ったわたしの「民族的」アイデンティティは、複雑でさまざまな側面も併せもっている。「民族」なるものの姿形がまったくつかめていない状態で、「本国」あるいは「祖国」と称される韓国に留学するのは怖かった。「母国」や「母国語」に押しつぶされてしまうような恐怖があった。直感的に、「自分時間」、つまりわたし独自の人生時計が、韓国留学に「今はそのときではない」と告げていた。

来年（二〇二〇年）の三月から四ヵ月間、わたしはソウルの成均館大学語学堂で韓国語を勉強するつもりでいる。一三九八年に設立された、東アジア最古の大学だという。この語学堂を選んだ一番の理由は、居住予定のアパートから徒歩で通えることだ。最寄り駅は地下鉄四号線「恵化駅《ヘファ》」で、大学近辺は「大学路《テハンノ》」と呼ばれる若者で賑わう活気ある街として知られている。蛇足だが、二〇一八年七月に主催者側推定で六万人が参加したといわれる「恵化駅女性デモ」が行なわれたのがこの場所なのだ。

さて語学留学の話にもどそう。韓国系民族学校の高等部を卒業しながら、わたしは韓国語をほとんど話せない。経済的自立を目指し、労働市場で有利な英語を優先させ、韓国語の勉強をおざなりにしてしまった結果だ。でも悔いはない。「自分時間」を生きるためには必要な選択だったから。とはいえ、韓国語の勉強を完全放棄したつもりはない。必ず、韓国語を学ぶ「自分時間」がやってくることを信じていた。それが来年なのだ。

初めての韓国

わたしの初めての韓国訪問は、民族学校高等部の修学旅行のときだ。旅程には、両親の故郷訪問が組み込まれていた。貧弱な交通網を乗り継ぎ、何時間もかけて両親の故郷である慶尚南道居昌《コチャン》を訪ねたのだ。軍事独裁の朴正熙《パクチョンヒ》政権下の韓国は、わたしの想像を越える貧しさと格闘していた。その貧しい田舎で、わたしは未知の体験をすることになった。自制しがたい感情の渦に呑み込まれるという。

それは、ただ一人存命の母の兄という人物に紹介されたときのことだった。伯父は無口で体格《がたい》の大きな人だった。初めて相見えた彼のたたずまいが、一七歳のわたしを圧倒した。断片的ではあったが、母が兄たちのことを語ることがあった。突然、そのときの記憶が蘇る。伯父の姿を目にした途端、涙がとめどもなく流れ、嗚咽を抑えることができなかった。まるで何者かがわたしの身体に乗り移り、全身を揺さぶり続ける、そんな感覚だった。ただ滂沱の涙に身を任せるしかない。伯父は、号泣するわたしを静かに見守っていた。その日、伯父とわたしは居間に布団を並べた。日本語を解する伯父は、わたしに語りかけていたはずなのに、伯父のことばは何も憶えていない。ただ、形容しがたい安心感に包まれ深い眠りについたことだけは、しっかりと記憶している。そのときの安堵感は、それ以来ずうっとわたしの内に大切なものとして仕舞ってある。

いったい居昌に何日間滞在したのかも思い出せない。記憶にあるのは、遠来の親戚の女学生を精一杯もてなそうとする一人ひとりの顔だけ。親戚の愛情表現は直接的だった。お祖母《ハルモニ》さんも同い年の従妹も、彼ら流のスキンシップで情愛を示すのだった。好奇心に満ちたたくさんの目が、すべてわたしに注がれる。当時の韓国の田舎では、贅沢品を目にすることはめったにない。母から託された金持ち日本の土産に、小さな子どもたちは歓喜した。そのときの子どもたちは、それぞれに家庭をもち、今はほとんどがソウルで暮らしている。そして現在、韓国を訪問する度に、彼らは競うようにわたしの世話をやいてくれるのだ。

これは後知恵に過ぎないのだが、半世紀以上前のあのときの体験が、わたしの「韓国」を形づくったようだ。韓国に受け入れられたという安心感は大きい。「大丈夫！」わたしの韓国は、逃げはしない。韓国は待っていてくれると。次に会う日まで、わたしはわたしの人生の「自分時間」を生きていいのだと。

「チョーセン人、大嫌い！」と叫ぶ姉

わたしには、二人の姉と二人の妹、そして弟が一人いる。家父長制家族の嫁には、男児出産が強いられる。四人もの女児を立て続けに産んだ母は、「針の筵《むしろ》」の生活を余儀なくされた。継承する資産など何もないのに、家系存続のために産み続けろと。その結果が「貧乏人の子沢山」だ。善人の手本のような父は、金儲けが下手だった。父と母の諍いの原因

は、いつもお金。そんな環境にあっても、わたしたちきょうだいは仲良く助け合いながら生きていた。

きょうだいの中でも、すぐ上の姉とわたしは「おっとり姉とちゃっかり妹」のコンビで、いつもつるんでいた。その姉は、今でも話題が在日や朝鮮半島情勢におよぶと、「チョーセン人、大嫌い！」と叫ぶことがある。姉はそのことば通りに、大嫌いなチョーセン人を結婚相手に選ばず、純朴なアメリカ人と結婚した。チョーセン人ではない最愛の夫を、姉は四五歳の若さで亡くしたが、現在は米国西海岸で二人の息子と穏やかな日々を送っている。

そんな姉の叫びの内実を、最近になってわたしは少しずつ理解できるようになってきた。一〇代のわたしは「自分時間」を生きる準備に必死で、他のきょうだいのことを考える余裕などなかった。目標に向かって、ヒマさえあれば勉強していた。面倒を起こさないわたしに、両親の目が向けられることもなかった。でも姉はちがった。たえず両親とぶつかっていた。とりわけ母と。

姉が「チョーセン人」を嫌いになったのには、それなりの理由がある。ライフ・ステージとしての結婚適齢期が近づいた頃に、母の「見合い」攻勢がはじまったのだ。姉妹の中で、「見合い」をしたことがないのはわたしだけだった。姉も妹も片手、いや両手でも足りないくらい数の「見合い」をさせられた。当時の在日社会には、仲人を生業とする

「やり手婆さん《アジュモニ》」たちがたくさんいた。拝金主義が蔓延する在日の結婚市場は、規模の小ささゆえの問題をかかえていた。市場論理がまかり通り、女の美醜や家族の財産で値踏みされる状況は、姉や妹にとって地獄図だったにちがいない。「見合い」場所とされたホテルで、一人の男性が何人もの女性と時差攻撃で「見合い」をするのもザラだった。「ウチなんて、カスのカスしか回ってこないわよ」と、姉は毒づく。金に目敏いアジュモニたちは、金持ちにはペコペコしても、貧乏人には横柄に振る舞う。あまりの理不尽さに、姉は何度も無念の涙を流したという。

それでも「真面目な日本人よりも、ヤクザであってもチョーセン人のほうが良い」と宣う母がいた。裏を返せば、それだけ日本人への不信感が強かったということなのだが。娘たちを、在日男性の許に「片付けよう」と、母は躍起になっていた。でも「片付いた」のは一番上の姉だけ。当時、ほとんどの在日は、日本社会の周縁に追いやられ、「井の中の蛙」として生きざるを得なかった。この冷徹な現実を前にして、同じ在日に嫁がせること以外の名案を、当時の母に求めるのは無理だった、と今のわたしには理解できる。

ときに姉の怒りはわたしに向けられた。「アンタは要領がいいんだから。なんでアンタだけが特別扱いなのよ！」と。たしかに、わたしに「見合い」話はなかった。目標に向かって懸命な娘を、母は放って置いても大丈夫だと思ったのだろうか。「見合い」という品定めの場に連れ出されたことも、「見合い」相手から「NO」と人格を否定されるような扱いを受けたこともない。それでも想像はできる。姉の屈辱感や無念さを。そして、どれだけ傷ついたかも。

今になってやっとわかってきたのだが、姉の大嫌いな「チョーセン人」は、実在する韓国・朝鮮人を意味しているわけではないのだ。家父長制を当然視する在日の結婚市場で、まるで不良品のように扱われた、その非人間性に怒っていたのだ。人としての尊厳を、平気で踏みにじって恥じない慣習に、姉はキレてしまったのだ。「チョーセン人」のかけ声の下に、同じ民族の男女を何がなんでも番《つが》わせようとする圧力（プレッシャー）に声を荒げたのだ。

わたしにはもう一人の姉がいる。姉が「片付いた」先は、慶尚南道出身の一世の許だった。慶尚（南北）道は歴代の大統領を多く輩出した保守的な土地柄だ。男尊女卑が一番激しい風土でもある。姉の夫も、男女平等意識など欠片《かけら》も持ち合わせておらず、妻に十分な生活費さえ渡せば、夫は外で何をしようと勝手だと考える御仁だった。姉は精神的暴力に苦しみ、結婚生活は幸せなものではなかった。何度も離婚の危機を迎えたが、在日社会で生きてきた姉に、離縁のための一歩を踏み出す勇気を求めるのは酷なことだった。

きょうだいで唯一韓国語が話せるのは、この姉だけだった。姑が韓国で暮らしていたこともあり、頻繁にソウルと東京を行き来していた。でも姉にとっての韓国は、夫の横暴を耐え忍ぶ、もう一つの現場でしかなかった。一度として韓国の旅を楽しんだことはないという。何年も前に姑を看取り、一年前に夫も他界し、姉が切望した心の平穏を手に入れることができたのはつい最近のことなのだ。

親戚との関係再開

数年前に母が亡くなったとき、わたしはひどく動揺した。これで母方の韓国の親戚との関係が絶たれてしまうと。葬儀の後、わたしは一番上の姉に韓国の親戚に連絡を取ってほしいと懇願した。残念ながら電話番号が古過ぎて、そのときに連絡を取ることは叶わなかった。

考えてみると、わたし以外のきょうだいは韓国の親戚に大した関心をもっていなかった。日々の生活に追われ、ことばも通じない親戚のことなど考える余裕もなかったのだろう。それに、誰もわたしの修学旅行のときのような体験はしていない。でもわたしはちがう。韓国の親戚は、韓国とわたしを繋ぐ架け橋なのだ。初めての韓国訪問から長い年月が経ってしまったが、わたしにとってはどうしても探し出し、再会したい人たちなのだ。

そこでわたしは、釜山在住の在日の友人に助けを求めることにした。母の甥が公務員だったと告げると、それなら簡単に探せるはずだと太鼓判を押してくれた。彼女のいう通りだった。ほどなくして、ソウルから国際電話がかかってきた。韓国語で「ファミや〜、……だよ。わかるか?」といっている。でもそれ以上は理解できない。どうも、東京にいる誰かが電話をするから話せといっているらしい。しばらくして、また電話が鳴った。「あの〜、事情はよく飲み込めないんですが、祖母がこの番号に電話しろというので電話してます」と、流暢な日本語で話す若い女性の声だった。そう、ついにわたしは韓国の親戚を探し出したのだ。

　電話の主は、従姉の孫のミンジ。一七歳で渡日し、東京の大学を卒業している。これ以降、ミンジを中心に、物事が進んでいった。半世紀の間の、双方の家族の変遷はミンジの口を通してそれぞれに伝わった。お互いの行き来もはじまり、居昌で出会った子どもたちの子どもたちとも関わりをもつようになっていった。

　親戚との語らいは、母に関する新しい情報をもたらしてくれた。末っ子の母に三人の兄がいたことは知っていた。ところが今回、初めて母に姉がいたことを知った。その伯母は、結婚後、家族と北朝鮮のピョンヤンで暮らしていたという。わたしたちきょうだいは、北朝鮮に親戚はいないと思い込んでいたので、正直いって、北朝鮮は遠い存在だった。ところがこの新情報で、北朝鮮がぐっと近づいたような気がした。だが彼らの現在の消息はつかめず、関係は完全に途絶えてしまっているとのこと。なぜ母が、自分の姉のことを話さなかったのかは謎のままだ。

　もう一つ、わたしが今回の旅で知ったことがある。それは祖母《ハルモニ》の名前だ。子どもの頃、母に祖母の名前を尋ねたことがある。母の答えは「知らない」だった。韓国の風習として、母親は固有名詞では呼ばれず、誰々のオモニと名指されることは知っていた。でもいくらなんでも、自分の母親の名前を知らないとは……。そのときの母の真意は謎のままだ。でも今回、わたしは祖母が「ソン・カヤ」という響きの良い名の持ち主であることを知ることができた。

今回の旅で、居昌を再び訪れた。昔は電車を乗り継ぎ、ほぼ一日かけた道程も、整備されたハイウェーをドライブすることで、三時間半で目的地に到着した。現在の居昌は、インフラが整備され、わたしの記憶に残る貧しさは雲散霧消し、ソウル近郊に乱立する高層アパートが居昌にも林立していた。あまりの変貌ぶりに、センチメンタル・ジャーニーを気取ることさえできなかった。それでも、無事墓参りも済ませ、近隣に位置する大蔵経板殿（世界遺産）を納めた伽耶山海印寺《カヤサンヘインサ》を参拝することもできた。ふと気づいたのだが、ハルモニの名前「カヤ」は、伽耶山が由来なのかもしれない。

そして、居昌を再訪して判明したことが、もう一つある。晩年の母の朝食は、ポンパドールのバケットとカフェオレとサラダという、なかなかハイカラなものだった。その食卓に、必ずあったのが林檎。ほかのフルーツはほとんど口にしない母が、林檎だけはどんなに高値でもけして欠かさなかった。今回、居昌が林檎の名産地だと知り、母と林檎の関係に胸を熱くした。

旅も終盤を迎えた頃、親戚から「来年は必ずお姉さんも連れてくるんだよ」と、何度も念を押された。でもわたしは気が重かった。前述のように、一番上の姉にとっての韓国は「しがらみ」満載の地なのだ。夫が亡くなり、訪ねる必要のなくなった今、たとえわたしが誘っても「イエス」というはずはない。それでも親戚の伝言を伝えないわけにはいかない。

東京にもどってから、恐る恐る姉に電話を入れてみた。案の定、姉の反応は冷ややかだった。楽しい思い出などない韓国に、改めてそれも遊びに行くなど想定外のことのようだ。姉と話しながら、悔しくてたまらなくなってきた。あんなに頻繁に韓国に足を運びながら、姉は韓国という国の魅力にまったく触れていなかった。ソウルの街を「そぞろ歩き」したこともないそうな。亡くなった義兄が、巧妙に編み上げた鳥篭に閉じ込められたまま、韓国の中をただ移動していただけなのだ。

姉には鳥篭から飛び出してほしかった。義兄の目ではなく、自らの目で韓国を見てほしかった。根気強く、わたしは姉に語りかけた。全身全霊で。親戚の人たちが、どれほどわたしたちに親愛の情を抱いているかも伝えた。姉がポツリと洩らす、「行こうかな」と。飛び上がりたくなるほど、うれしかった。姉が鳥篭から出ようとしている。やっと。

姉たちとわたしのちがい

ここまで書いてきて、我ながら自分の中の「上から目線」的な部分が気になりはじめている。「わたしわかっている人、姉わかっていない人」的な書き方になってはいないだろうか、と。わたしが伝えたいのは、そんなことではないからだ。

何十年も前に、一番上の姉の離婚を話し合うための家族会議をしたことがある。姉が決断すれば家族全員でサポートすると、父は明言した。「大丈夫だよ、女一人でもちゃんと生きていけるよ」と、わたしも励ましのつもりで声をかけた。でも姉は、「みんなが、アンタみたいに強いわけじゃないから……」と、つぶやいたのだ。

それじゃ、わたしが強い人間で、姉は弱い人間だということなのだろうか。それがわたしたちのちがいなのだろうか。そうは思えない。姉がいうところのわたしの「強さ」は、実はわたしの「臆病」さに由来しているように思えるのだ。正体のわからない「民族的」なるものを、そのまま引き受ける勇気がなかっただけなのだ。その正体が、ある程度見通せるまでは近づかない。つまり、防衛本能の成せる技なのだ。わたしにとって、「民族的」なるものはブラックホールのように強大な重力をもった未知の存在なのだから。

距離を置きながらも、気づいたことがある。「民族」と「家族」がわかちがたく結びついたものであるなら、「民族」を理解するためには「家族」の機能を理解することも必要だと。わたしたちは、喜怒哀楽のイロハを家族関係の中で学んでいる。家族の中では、どんな感情の吐露も許される韓国。たとえ家族内でも、過剰な感情表出を戒める日本。在日二世・三世にとっての家族とは、日韓二つの文化が衝突し、異なった感情表出が同時に渦巻く現場なのだ。わたしたちきょうだいが、なかなか「オモニ」を理解できなかった背景には、こうしたことが影響していたのだろう。

わたしが居昌で体験したことについて、少し考えてみたい。わたしは初めて会った伯父を、母に連なる「家族」として認識したわけだ。そして、そこに朝鮮半島の近現代史を貫く集団的記憶を重ねてしまったのだと思う。母の剥き出しの情動を疎ましく思いながらも、わたしはどこかでしっかりとその片鱗を身につけていたようだ。「家族」と「民族」という感情を掻き立てる装置が複雑に絡み合い、わたしは感情の海に流されてしまったにちがいない。

考えてみると、家父長制の内蔵された「民族」と「家族」が、家父の男を頂点に、ひたすら女子どもを抑圧するだけの装置だったら、もっと多くの人たちが造反のために立ち上がったはずなのだ。ところが、一七歳のわたしが感じた安心感や安堵感を与えるという、もう一つの側面も持ち合わせているからこそやっかいなのだ。情愛や寛大さといった糖衣に包まれた「温情的家父長制」にこそ、わたしたちは注視すべきなのだろう。

日本による植民地時代を経験した朝鮮半島の人たちが、抗日的に「民族的」矜持を主張するのは当然だと思う。ただ、その「民族的」なるものの内実を不問にしてしまうと、わたしの家族史が物語っているような不条理が、まかり通ってしまうことを肝に命じておきたい。

わたしは、昨年（二〇一九年）まで大学の英語講師をしていた。ある折に、韓国からの留学生に「韓国語を勉強している」と、伝えたことがある。一瞬置いて、怪訝な面持ちの留学生から、わたしは「何を今さら……」と冷笑されてしまった。より良いキャリアを目指し、第二言語、第三言語を学ぶ若者の目には、人生の黄昏時に新しい言語に挑む中高年の心情は、理解できなくてあたりまえなのかもしれない。

でも「自分時間」を生きてきたわたしには、「今になってやっと」たどり着いた境地なのだ。「七〇歳の手習い」では、それほどの上達は見込めない。それは百も承知だ。たぶんわたしは、「母国」や「母国語」といった「民族的」なるものに、押しつぶされないための軸足を築くために、あまりにも長い時間をかけ過ぎたのかもしれない。でもいいたい。だからこそ、わたしは「チョーセン人」を大嫌いにならずに済んだのだと。長い時間をかけて、「家族」と「民族」を相対化する努力をしてきたからこそ、惑わずに韓国と向かい合えるのだと思う。

きっと来年も、わたしは韓国の親戚と濃密な時間を過ごすことになると思う。彼らと関わりながらも、「家族」と「民族」が一種のイデオロギー装置であるということを忘れないでいようと思う。それも、ときにわたしの感情をプラスにもマイナスにも揺り動かしかねない、やっかいな装置であることを。この冷めたアプローチこそが、親戚の一人ひとりに過剰な思いを抱かないための秘訣なのかもしれない。

〈『女性の安全と健康のための支援教育センター通信59号』、二〇一九年一〇月〉

＊二〇二〇年三月に語学留学を予定していたが、本書の出版が四月一〇日に決まり、留学予定を変更せざるを得なかった。さらに中国湖北省武漢を発生地とする新型コロナウィルス感染拡大が深刻な状態になり、日本と韓国が中国に次いで感染者数が多い国として、世界の衆目を集めてしまっている。残念だが、こうした緊迫した状況が落ち着かないと、具体的な予定を立てることはできそうもない。

コラム

在日の女たち

〈『姉妹たちよ　女の暦』、ジョジョ企画より〉

泣くこともたくさんあるけんど、前よりだんだんと人間らしくなっていくような気がしてんだ。

宋《ソン》神《シン》道《ド》（1922〜2017）

一九二二年二月二四日、韓国忠清南道で生まれる。一二歳で父を亡くし、一六歳で一〇歳年上の男と結婚させられたが、初夜が怖くて逃げ出す。その後、騙されて日本軍慰安所に連れて行かれ、七年間もの年月、「慰安婦」として中国武昌周辺を転々とさせられる。逃げようとして殴られて、右耳の聴力を失い、帯剣の傷跡がいまも背中に残る。左腕には、源氏名「金子」の刺青が当時の記憶とともに刻み込まれている。自国の一人の見知らぬ男から逃げおおせたが、天皇の軍隊からは逃げきれず、異国の数えきれぬ兵士たちの性暴力の餌食にされた。ある日、兵士の姿が突然消え日本の敗戦を知る。元日本兵を信じて日本にやってきたが、着いた途端に男も消えた。

孤立無援で日本の戦後を生き抜いてきた。そして一九九三年、日本国に謝罪と損害賠償を求めて裁判を起こし、人生が大きく変わっていった。「人の心の一寸先は闇」のはずが、暗闇に一筋の光が射してきた。裁判を応援し支えてくれる女たちとの出会いが、心のしこりをほぐしはじめたのだ。

支援者を前に、自慢の喉を披露するのが楽しい。今は愛犬「まりこ」中心の生活だ。法廷でのやりとりは、「本当にまったくイナゴが踊るような裁判」でしかなかったが、自分の話に真摯に耳を傾けてくれる人々とふれ合うことで、人間らしさを取りもどしていく。二〇〇三年三月、最高裁は敗訴を確定した。だが人間回復という闘いにおいては、しっかりと勝利の手応えを感じている。（2004）

（写真提供：川田文子）

ひらひらとは決して生きまい。何かが見えてくるまで貪欲に生きてやろうと思うのだ。在日朝鮮人の一女性として。

李良枝《イヤンジ》（1955～1992）

一九五五年三月一五日、山梨県に生まれる。九歳のとき、両親が帰化。父母が争う家庭から逃れるように活字の世界に耽溺する。「いい子」を演じる自分を見つめるもう一人の自分を、そびえ立つ富士山に見透かされていると感じつつ、子ども時代を送る。自殺未遂や家出の後、ある教師との出会いから朝鮮近現代史を学び、家族と民族という「血」の呪縛に対峙する勇気を得た。朝鮮語を習い、伽倻琴《カヤグム》の音色に魅了される。一九八〇年、光州事件さなかの韓国を訪れ、祖国《ウリナラ》への思いを深め伝統舞踊に傾倒する。最愛の兄二人を亡くした後、両親は離婚。家族や民族への愛憎半ばした気持ちのまま、ソウル大学入学。母国語《ウリマル》（韓国語）と格闘しながら、午前は踊り、午後は伽倻琴、夜は母語である日本語での執筆という暮らしが続く。「あるべき自分」と「あるがままの自分」という矛盾の中で書いた「ナビ・タリョン」が芥川賞候補に。巫俗舞踊の稽古場が母語と母国語との舌のもつれからの避

（写真提供：島崎哲也）

難場になった。一九八九年、「由熙《ユヒ》」で芥川賞獲得。人間は国籍や民族などの差異を越え、理想と現実の間を揺れ動きながら生きるものだと一つの達観を得た時、富士山が見たいと一七年ぶりに故郷へ。ソウルの梨花女子大学大学院舞踊学科に入るが、一九九二年、東京で急性心筋炎のため急逝。「ここ」に生きながら「ここでないどこか」を求め続け、三七年を濃密に生き切り、まっしぐらに天空へと舞い上がっていった。（2005）

そう、わたしは朝鮮娘……。そして、わたしは逃げも隠れもしないのだ。

高《こう》英《えい》梨《り》（1922〜2015）

一九二二年四月一二日、釜山に金英子《きむえいこ》として誕生。三歳前に渡日、結婚で新宅《しんたく》英子《えいこ》となった後、高英梨の筆名を自らに授け、「帰化日本人」を自覚的に生きる。自分の意思で人生を選択する生き方は、婚礼の席から出奔し、自活を目指した母《オモニ》から受け継いだ。母の応援で「半島民子女」として初めて山口県の名門女学校に入学し、東京の女学校に転入するが、結核を患い二年間療養。読書に明け暮れながらことばとの格闘がはじまる。日本人との結婚に際し、養女として日本国籍に「帰化」させられた。以来、日本人の使う日本語に、朝鮮人への価値の否定を強く意識する。善意で「日本人とちっとも変わらない」といわれると、朝鮮人としての他者性が消されてしまう。自らの主体性の表現を書くことで追求し、日本人に対して「他者」であることを選ぶ。朝鮮人ゆえに差別され続けた金嬉老《キムヒロ》の精神的軌跡に、自分の自己同一性の分裂と同質のものをみる。韓国語にも訳された『ガラスの塔』では、上衣《チョゴリ》と裳《チマ》姿の朝鮮娘と、着物と白足袋《たび》姿の日本娘の二通りのあり

（写真提供：高英梨）

ようをもつ少女を登場させ、「太陽はわたしのためにある。燦然《さんぜん》と輝く太陽の光はわたしを目指して真っすぐに突き進んでくる」と、差別しない太陽を表現した。「他郷暮らし《タヒャンサリ》」が八〇年を数えた今、「差別のない」日本語の表現法に思いを馳せる。そして新たに「地に舟をこぎ出そう」とほくそ笑みつつ、「頭の中はまだまだ多忙で時間が足りない」と一人ごつ。

（２００６）

芝居によって、わたしは自己肯定できる人間になったんです。

李麗仙《りれいせん》（1942〜）

　一九四二年三月二五日、侵略戦争に血塗られた時代「昭和」の最中に、李鉄柱《リチョルジュ》と吉仙《キルソン》を父母に東京で生まれ、五つの名前で生きてきた。通名・星山初子時代の負けん気は天下一品で、弟を特別視する母や祖母にも楯突いた。中学のときに「演技では嘘をつかない」という演劇の原点を学ぶ。高校は本名・李初子で通学。李という名前はカッコいいという同級生の一言が出自への発想の転換を促す。文化祭の舞台で開眼し、役者になりたいと卒業後も演劇学校に通う。その頃、唐十郎と出会い、既成社会に楔《くさび》を打ち込む演劇実践「状況劇場」がはじまる。ダンサーで蓄えた資金で購入した大テントが新宿の花園神社境内に出現。「アングラの女王」李礼仙には、観客と一体化し虚構を一つの真実として、固定化した状況を打破する勢いがあった。

　一九七五年、当時の政治状況の中で帰化し大鶴初子になる。唐の鬼才への評価が高まるにつれ、二人のちがいが露わになる。二人三脚に失望し一人の人生を考えはじめたとき、新展開への啓示を受け、即座に李麗仙に改名し離婚を決断する。既成の枠組・型・役割の圧力に抗ってきた自覚があり、舞台とは抵抗を示す現場であった。演劇を通し、紋切型の在日ではないもう一人の自分に出会い、生きる醍醐味を味わってきた。役者は肉体労働者と信じ、今もダンスの練習を怠らない。緊張感が身体全体にみなぎり丹田に力が入る。スクッと背筋を伸ばした視線の先には、日本列島、朝鮮半島を越えてもっと広い世界が続いている。（2007）

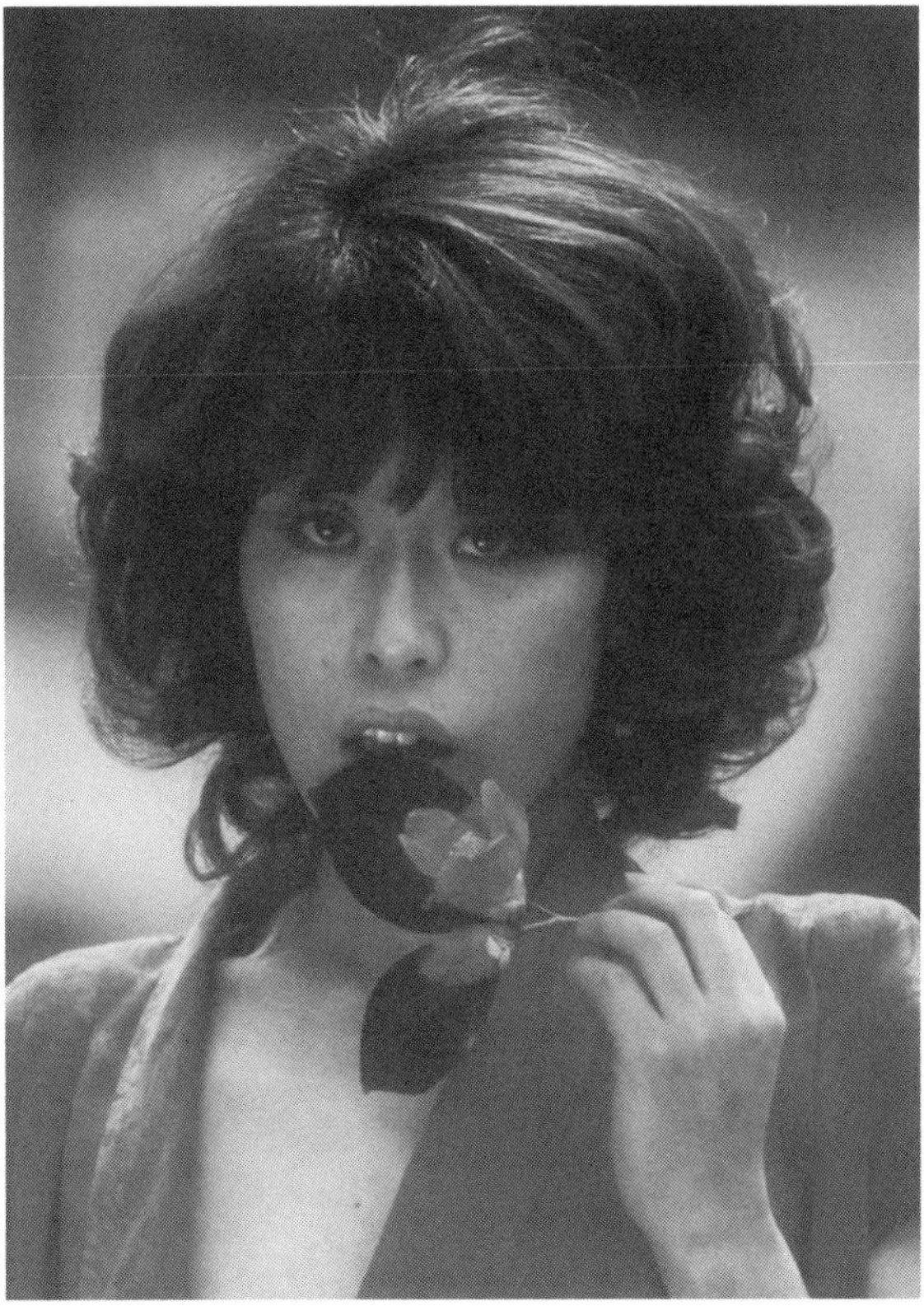
（写真提供：篠山紀信）

朝鮮女のいまわのことばは、芸術の響きがする。輪廻《りんね》の音だ。

宗秋月《チョンチュウォル》（1944〜2011）

　一九四四年八月二七日、済州島《チェジュド》出身の父母の下、佐賀県に生まれる。両親は朝鮮人土方たちの賄いをし、雨の日に酒盛りをする彼らの姿が「朝鮮《チョーセン》」の原風景になる。故郷を歌う男たちの異端の匂いと済州弁《チェジュマル》を拒絶し、「恥ずかしか」と叫んだとき、飯場で唯一の日本人妻に「おどま国ん歌ちゃろが」と叩かれ、内なる朝鮮を波立たせる。一六歳で家を出、大阪で職を転々とし、辛うじて自由になれる便所で、幾多の詩を産み落とす。二八歳で在日と結婚し、三人の子をなし、姑を看とり、知的障害の義妹と同居し、居酒屋で暮らしを立てた。頼母子講《たのもしこう》と巫女信仰が織りなす神聖喜劇の「語り部」秋月は、一世の女たちの「へその緒と結びついたことば」を紡ぐ。猪飼野《いかいの》の子守唄は、ぶらあむすではなく、済州島訛りの「おおぎいちゃあらん（眠れ良い児）」なのだ。

　一九八〇年五月の光州事件によって死生観が変わる。緑児を胸に「至福の生を抱きつつ、至福の死を見つめる」と記し、輪廻転生を確信する。一冊の詩集を世に問い、一人、反乱を起こす。

（写真提供：清水澄子）

ことばがもつ意味を疑いながらも黙殺できない己を見据え、佐賀弁も済州弁《チェジュマル》も土方の陸地弁《ユッチマル》も、すべてが己の生きた証と悟る。働き詰めの体は悲鳴をあげ今は療養中の身だが、在日一世の日本語に耳を澄まし続ける。りんごはナ行のにんご。身体化された一世のにんごの語感に、そのうま味に愛惜の念やまず、そっとつぶやく。その響きをサランへ（愛してます）と。（２００９）

からん　ころん　ばさ　ぼそ
大好きな音に耳を傾ける

金末子《キムマルチャ》（1922〜1997）

一九二二年一月二七日、韓国慶尚南道に金末壬《キムマリム》として生まれる。二〇歳のとき、夫の後を追い敗戦三年前の日本へ渡り、一女一男をもうける。第二子出産後にハンセン病を発症し、一九四五年、乳幼児の息子と草津の栗生楽泉園《くりゅうらくせんえん》に入る。療養所での生活は劣悪を極め、病状は悪化の一途をたどる。特効薬プロミンも、重篤の身には、らい反応を引き起こし、次々と指を失い、三二歳で両目を摘出する。つらい日々の慰めは酒とテレビ。飲めば悲しみも暫し遠のく。酒瓶で飾られた部屋で、盲人であるのも忘れ、カラーテレビに見入る。息子とも引き離され、面会日にだけ母であることを実感できたが、その子も成人後は園を去り、再度、家族と離散する。荒ぶる心情をことばにせよ、と詩才を見抜いた内科医高野桑子に勧められ、無我夢中で片言の日本語を吐き出す。詩話会で村松武司と出会い、詩心が開花する。故郷、家族、母語、両目、手足の指と、失ってきたものへの慈愛が、口述によって炸裂する。五〇代からの詩作は、色鮮やかな故郷朝鮮の情景を蘇生

（写真提供：榎本初子）

させる。園では角刈りの姿で、男ことばを使い、不思議なエネルギーを放ち、周りを元気にする。だが、外の世界で幸せに暮らしているはずの娘が一二歳で発症と聞き、打ちのめされる。母娘の五〇年の空白を埋める時間も持てずに、一九九六年四月の「らい予防法」廃止の翌月に、七四年の生涯を閉じた。自らの豊饒な精神世界を、今も詩集に託して語り継ぐ。現在は、愛娘が暮らす邑久《おく》光明園《こうみょうえん》の納骨堂に静かに眠る。

（２０１０）

勇気のないところに差別が生まれるのだと思います。

高《コ》福《ボッ》子《チャ》（1934〜2002）

一九三四年三月三日、在日二世として生まれる。父母は全羅道出身。中華そばの屋台で両親は四人の子どもを育て、一九七二年、新小岩に小料理屋「たまや」を開店する。以後そこが生活の中心になる。八〇年代前半までは高山福子を名乗るが、「戦争への道を許さない下町の女たちの会」への参加が人生を変える。東京空襲や原爆被害を語り継ぐ活動を通じて、自らをたどる旅もはじまる。平和への希求は、国籍や民族の枠を超え、一人の人間としての記憶と経験に根ざす。日本だけでなく朝鮮半島の権力者にも批判の眼差しは向いた。天真爛漫な笑みをたたえ、豊かな黒髪を一本の三つ編みにし、両親亡き後も障がいをかかえた弟と店を切り盛りする。手先の器用さで、チゲ鍋と南瓜の小豆和えは絶品と讃えられ、カンパ集めのモノ作りにも貢献した。だが、世代・性別・国籍を超えて創り上げた人と人の織物こそが一番の傑作だった。店を文化交流の拠点とし、生涯の伴侶と演劇集団・新宿梁山泊とも出会った。一九九一年、「従軍慰安婦問題ウリヨソンネットワーク」設立に参加し、在日女性との交流も深める。二〇〇二年に肺がんを患い、自らの行く末を石川逸子や銀林美恵子らに託す。発病後も人の輪を紡ぎ続け、九月七日、下町の活動家は真っ赤なチマチョゴリに包まれ、永遠の眠りにつく。店での友人葬は、韓日交流の最後の舞台となった。「人間という肩書」を生き、朝鮮半島と日本列島を臨む対馬沖に、友人たちの手で散骨され、海に還って行った。

（2011）

（写真提供：追悼集『人間という肩書きを生きて――高福子さんを偲んで』より）

こけたら起き上がって学び直せばいいやん

金《キム》香《カ》百《ユ》合《リ》（1956〜）

（写真提供：金香百合）

一九五六年七月二八日、大阪に生まれる。父と母は韓国済州島の出身。八歳のとき、父は家族を捨て出奔。母朴貞玉《パクジョンオク》は、狭い借家で洋裁の腕を磨き、父と愛人との子も「みんな宝物」と六人を育て、貧しいがにぎやかな子ども時代であった。難聴のため、学校では前の席に陣取り懸命に耳を傾けた。高校生のとき、無頼《ぶらい》を気取る父がもどり、父に似

る自分に嫌悪感を募らせた。表面的には大学生活を満喫するも、肯定的自画像の不在に悩み続ける。人生を変えたのは大阪ＹＭＣＡへの就職だった。仕事を通じて、人権教育、子ども、女性、障がい者、高齢者、外国人、異文化理解、心のケア、生と死などの問題に対峙するようになる。在日、難聴、貧困等の自分の弱みが、実は強みになることを知る。職場の予算不足のため自らが講師を務めたことで、人の機微を読み取る天賦の才が花開く。人々の悲嘆に寄り添うと、人間本来の回復力にも気づく。実践の理論化を求め、四一歳で大学院に入り、「自尊感情栄養理論」を生み出す。上方漫才風のその講座は評判を呼び全国から声がかかる。苦難の人生を笑い飛ばす母の自己肯定観の源泉を知りたかったが、病が母から記憶を奪ってしまった。介護と仕事の両立のため職場を辞職し、自前の研究所を設立。居場所や家族をもたない若者が地域で繋がれるようにと、夫と小さなビルを手に入れた。血縁に関わりなく地域に開く「家族」を創ろうと、秘かに静かに闘志を燃やしている。（２０１２）

おわりに

さて長い旅路を経て、今のわたしの心身のコリはどうなっているのだろうか。そういえば三〇代で留学したアメリカで、自分の表情のこわばりに気づかされ、ハッとしたことがある。人通りの少ない並木道で、散歩中のお年寄りの男性に、すれちがいざまに声をかけられた。「笑顔《スマイル》になりなさい！」と。わたしにとってはごく「フッー」の表情が、異国の見知らぬ人の目には、トゲトゲした険しい顔つきに映っていたのだろう。彼の地でも、わたしは「力を抜きなさい！」と諭されていたようだ。

自分にとっての「フッー」や「あたりまえ」は、あまりにも常態化し過ぎていて、改めて意識するのは難しい。「他者の目」を通して、はじめて気づかされるものなのかもしれない。同じ感情表出であっても、こわばった身には「笑い」よりも「怒り」のほうが、似つかわしいのだろうか。考えてみると、わたしのガンバリズムは、わたしを包囲する「あたりまえ」崩しの一環だったようにも思える。いずれにせよ、この「スマイル！」のかけ声は、自分を知るためには、ときに鏡となる「他者の目」が必要なことを教えてくれた。

「笑い」といえば、わたしの脳裏にやきついた鮮烈な光景がある。第一章の「怒ってくれてありがとう」でも述べたが、二〇〇四年、わたしは大阪で開催された在日女性のためのワークショップに通訳として参加した。それはカナダから招いた講師の、アート・セラピーを含んだワークショップでのことだった。講師が参加者に与えた課題は、一六歳の在日の女の子のために、六人の女性「ヒーロー」を創り出し、参加者全員で六つのヒーロー誕生の物語を舞台で演じるというものだった。

その舞台が、「吉本新喜劇」顔負けの空前絶後の「お笑い劇場」と化したことに、わたしは驚嘆してしまった。ボケとツッコミの笑いの文化が浸透している大阪という土地柄のせいなのか、舞台上で全員が「藤山直美」級の喜劇女優に変身してしまうのだから恐れ入った。笑い過ぎて、横隔膜が痛くなり通訳にも困るほどだった。当然、在日女性の苦難も描かれるが、観る者のこころを鷲づかみにしたのは、艱難辛苦を乗り越え、たくましいヒーローに成長していく女たちの姿だった。自分の苦境を笑い飛ばせるのは、その人のパワーの証にちがいない。

それにしても、彼女たちの抱腹絶倒の「演技力」には脱帽した。痛快に怒りを笑いに反転させる手腕は、あっぱれ！の一言に尽きる。演じる者も観る者も入り乱れ、一緒に泣き、一緒に笑った三日間だった。いやはや、在日の女たちの秘めたる才能おそるべし。それにしても、女の子の憧れるヒーローの創造とは、なんと斬新な発想だろう。そして彼女たちは期待にたがわぬ、六人の綺羅星のような女性スーパーヒーローを誕生させたのだ。演じ切った後の彼女たちの輝きを、わたしは絶対に忘れはしない。

　こうした在日女性の潜在能力の中にこそ、希望が宿っているのだとわたしは確信した。二世の女たちには、手本（ロールモデル）になるような女性像を見つけるのは難しかった。だったら新しい世代の女たちは、自分たちの夢を託した女性ヒーローを創り出せばいいのだ。「女は産む性」というのなら、想像力・創造力をフル稼働させて、必要な数だけスーパーヒーローを産めばいい。

　大阪で、わたしは時代の変化を実感した。オモニやハルモニの時代の身世打鈴を、ないがしろにするつもりはない。でも現在は自分たちが望めば、オルタナティブな自己表現が可能だということを素直によろこびたい。ワークショップは、理論編と実践編の二部構成だった。参加者は前半で在日（マイノリティ）女性が直面する抑圧の構造を学んだ。つまり、自分たちにとって不利な社会的状況を運命としてとらえるのではなく、変更可能な社会構造としてとらえ直したのだ。そして実践編で、次世代に新しい在日の女性像を提示するという明確な目的意識をもって物語を創り上げていった。「他者の目」を取り入れることで、自分たちが自明視していた女性像をアーティスティック（芸術的）に壊し、新しい女性ヒーローを編み出した彼女たちの「天賦の才」に拍手喝采を贈りたい。

　演劇や芝居を英訳すると「play《プレイ》」となる。プレイは、「遊ぶ」や「楽しむ」という意味も併せもっている。また日本語では「あそび」は「ゆとり」でもある。大阪の在日女性たちが示してくれたのは、プレイしながら心身のコリをほぐすことも可能だということなのかもしれない。日本社会の現状を概観すると、在日の日常を脅かしかねないヘイトスピーチ、そして戦後処理の諸問題が横たわっている。それぞれが深刻《シリアス》な問題であるからこそ、まずは心身のこわばりをほぐしながら、自らに笑顔を向け、しなやかにアプローチするゆとりをもつことも必要になってくるだろう。

これまで、過剰な「女幻想」ゆえに何度も挫折してきたわたしだが、女たちとの「つながり」に絶望したことはない。女たちとのつながりによって、わたしは未知の自分を発見し、孤立せずに今の自分を育んでくることができたのだから。孤立していた大阪の在日女性たちは、ほかの女性たちとつながることで眠っていた才能を開花させることができたのだ。彼女たちの底力を目のあたりにして、わたしも自分の内なる潜在能力を信じられるような気になってきた。

自らの人生を振り返り気づくのは、けして「学び」を手放さなかったことだ。わたしの一番の学びは、既成の知識の注入ではなく、既存の知の体系自体を疑問視することだった。流布された知の体系は、マジョリティ（力をもつ者）の支配のツールとしても使われている。だとすると、マイノリティ（力を奪われた者）の学びは、マジョリティの知識の内面化ではなく、既存の知の体系に異議申し立てするものでなくては意味がない。知識の名の下に、「常識」とされてきたことに「?·」をつけること、つまり「あたりまえ」崩しが必要なのだ。

このプロセスを「学びほぐし」(unlearning)と呼ぶ人たちもいる。学びほぐすことで、「女は受動的なヒロインで、男は能動的なヒーロー」といった固定観念を払拭することもできるのだ。

在日の多くが抱える「アイデンティティ」の問題にも、こうした学びほぐしの視点があったほうがよいだろう。学びほぐすことで、「ほんとうのわたし」を探し求めることの弊害が見えてくるかもしれない。国籍や民族を自明視したままでは、あたかも純粋な「〇〇人」が存在するかのような錯覚に陥る危険性がついてまわる。再度ここで、人種・民族や性別という区別には、正統性も正当性もないことを強調しておきたい。たとえば、民族というイデオロギーを鵜呑みにしてしまったのでは、「産む性」とされる女たちは、女性差別の土台をなす家父長制を批判する根拠を失ってしまうことになる。

未だ心身のこわばりを残すわたしの語りが、硬直でたたみ掛けるような口調になっていることには気づいている。それでも語らずにはいられなかった。日本社会そして在日社会の中で、在日女性たちの生きづらさが、いや存在そのものが不可視化(見えなく)されている現状を、そのままにしておきたくなかったからだ。きっとわたしは、世界で声をあげる「抗う人たち」の仲間入りをしたがっているのだろう。たとえ口調がきつくても、わたしの紡いだ物語が、在日の女と男の、そして在日と日本人の、批判も含めた語り合いのたたき台になってくれるとしたら本望だ。

わたしの物語を締めくくるにあたって、謝辞を述べたい人たちがたくさんいる。まずは、これまで出会うことのできた、世界中のすべての女たちに感謝したい。残念ながら、訣別に至ったつらい出会いもある。でもそうしたほろ苦い出会いも含めて、女たちとのつながりによって、わたしの骨格はつくられたと考えている。日本語を解さない二人の友人にも感謝の念を伝えたい。モード・イースターそしてリンダ・ジンガロには、これからもわたしの羅針盤（指南役）でいてくれることを期待してしまう。

わたしの家族（きょうだい）にも、飛び切りの感謝をしたい。いつも勝手な行動をするわたしを、ありのままに受けとめてくれてありがとう。甥や姪の存在も、わたしを鼓舞し続けてくれている。あなたたちの未来のためにも書き続けたい。またこの機会を借りて、最良の「聞き手」である人生の同伴者にもお礼がいいたい。これからも刺激的な対話の相手であってほしいと願っている。

人生の大先輩である金石範《キムソッポム》先生に、こころから感謝の気持ちを伝えたい。「書き続けなさい！」と、励まし続けてくれた先生と交わしたことばの数々をけして忘れない。在日男性に対するわたしのこわばった視線は、先生の自由でしなやかな思考に触れることで少しずつ変わりはじめている。

三一書房の高秀美さんにも謝意を表したい。編集担当者というよりも、友人として語り合えたことを感謝している。女性との共同作業の心地よさを、再度、味わうことができてとてもうれしかった。

最後に、おわりまで読んでくださった読者のみなさんに、特大のありがとうを贈りたい。

プロフィール

朴和美（パク・ファミ）

1949年東京生まれ。ニューヨーク州立大学オールバニー校（社会学部）卒業。テンプル大学ジャパンキャンパス大学院教育学研究科修士課程（M.S.Ed.in TESOL）卒業。総合金融会社の社内英語翻訳者、大学非常勤講師、NPO理事などを経て、現在「在日朝鮮人女一人会」代表。共訳に『性の女性史』、『とびこえよ、その囲いを』ほか。

「自分時間」を生きる
――在日の女と家族と仕事

2020年4月24日　第1版第1刷発行
著　者　朴和美

発行者　小番 伊佐夫
装　丁　Salt Peanuts
組　版　市川 九丸
印刷製本　中央精版印刷
発行所　株式会社 三一書房
〒101-0051 東京都千代田区神田神保町3-1-6
TEL: 03-6268-9714
振替: 00190-3-708251
Mail: info@31shobo.com
URL: http://31shobo.com/

ISBN978-4-380-20002-1 C0036
Printed in Japan
乱丁・落丁本はおとりかえいたします。
購入書店名を明記の上、三一書房までお送りください。